Simon Jacob

Peacemaker

Simon Jacob

PEACE MAKER

Mein Krieg.
Mein Friede.
Unsere Zukunft.

FREIBURG · BASEL · WIEN

Widmung

Gabriel wurde sechs Jahre (1990–1996) und einen Tag alt. Er starb qualvoll bei einem Verkehrsunfall, durch die Verantwortungslosigkeit einer sehr ungeduldigen 19-Jährigen.

Gabriel, mein kleiner Bruder und jüngster Spross unserer Familie, war das erste tote Kind, das ich in meinem Leben sah. Ständig ist er in meinen Gedanken und immer mein Begleiter. Ihm widme ich stellvertretend für alle Kinder dieser Welt, die abrupt ihr Leben verlieren, aber auch den Müttern und Vätern, besonders den Müttern, die darunter zu leiden haben, dieses Buch.

»Denn sie alle weinen die gleichen Tränen. Egal, an was sie nun glauben mögen, welcher Ethnie sie angehören oder aus welcher Kultur sie stammen.«

»Leid ist Leid und manifestiert sich, wenn die Mutter das tote Kind umklammert, während der Vater, ebenfalls von Schmerz erfüllt, die Mutter davon zu überzeugen versucht, dem leblosen Körper Frieden zu gewähren.«

Inhalt

»Hier wird es wieder Leben geben« 11

Einleitung 15

Keine Heimat mehr 19
Deutschland leben, Deutschland verstehen 23

Ist das dein Name? 29

Zurück auf heiligem Boden 33
Das Schlichte im Glauben 34
Der »Agha« und das Gesetz der Clans 37
Mein Land, meine Familie, mein Albtraum 41

Der Arabische Frühling und erste
Vorahnungen: Meine Reise beginnt 43
Unterwegs in der Müllstadt 44
Das Massaker von Nag Hammadi 47
Einen Job, eine Jeans und einen iPod 49

»Woher nimmst du das Recht,
für meinen Bruder Rache zu üben?« .. 53
Warum? Warum nur? 54
Leyla und der Krieg des IS 57
Mein Hass und meine erste Begegnung mit dem Frieden 60

Auf in ein mörderisches Land 65

Der Schleuser und unser Weg hinein nach Syrien ... 68
»Dein Kameramann ist verrückt!« 72
Der dümmste Schmuggler der Welt 78
»Daheim machen wir das nicht« 81
Wölfe unter Schafen? 84

Unterwegs im Libanon und der Blick nach Europa 87

Trügerischer Frieden und grenzenlose Verzweiflung . 91
Mor Gabriel: Zuflucht und Schutz 96
Krieger, die zu Dämonen wurden 98
Die Politiker, die die Dämonen fürchten 100

Sie lieben den Tod, wir lieben das Leben 103

Der Kampf am Khabour 104
Jedes Mal wenn ich schieße, stirbt ein Teil von mir .. 107
Die zwei Splitter der Gotteshäuser 110
Sie wissen, dass du da bist 112
Ich wünschte, ich hätte Tränen 115
An der christlichen Front 118
Eine Chance für alle? 121

Project Peacemaker 125

»Ich rede mit dir, weil du der Jugend angehörst« ... 126
Eris – Oliven und der Weg zum Frieden 128
Brücken zwischen den Menschen 129
Granatapfelklopfen auf den Spuren des Musa 131
»Wir Christen haben genug Vertreibung erlebt« 135
Land des Widerstands, Land der Trauer 137
Schlüssel zum Frieden 140
Mutige Frauen für die Zukunft der Region 143

Meine Suche nach der Menschlichkeit 146
Das Geschenk des Lachens 152

»Mein Glaube ist meine Hoffnung. Das Licht meine Rettung« 157
»Mehr habe ich nicht getan« 159
Der Kampf für unsere Rechte 164

Friede für die Welt 167
Die Schönheit des Wortes 171

Krieg und Frieden 175
Christ und Soldat 176
Der zerbrochene Glaube 177

Der Weg des Friedens 181
Was zeichnet Europa aber nun aus? 183
Islam – Junge Menschen suchen nach individueller
Entfaltung und Selbstbestimmung 185
Irak oder Syrien – es ist die Pflicht der Jugend,
die Einheit zu suchen! 187
Der Wert der Freiheit hat mich verändert! 188
Fundamentale Probleme und Lösungen 189

Lebensgefahr in Europa 199
Falsche Toleranz und Schläge ins Gesicht 204

Gemeinsam auf dem Weg 209
Was alle wollen: Sicherheit, Freiheit und Frieden . . . 213

Danksagung 217

»Hier wird es wieder Leben geben«

Meine letzten Gedanken sind noch nicht ganz verflogen, da reißt mich Gabriel, unser treuer Begleiter, aus der Starre. Wir sind unterwegs, wieder einmal im Irak, in Sindschar. Wir fahren durch diese Gegend, die fast aussieht wie aus einem apokalyptischen Blockbuster – nur düsterer und zerstörter, und ich fühle mich immer elender. Es ist nicht meine erste Tour in ein Kriegsgebiet, es sind nicht die ersten Toten und Gräber, zerbombten Häuser und Autos, die ich gesehen hatte. Seit Jahren bin ich in Regionen unterwegs, in die kaum ein Westler gekommen war, geschweige denn ein deutscher Journalist. Doch Sindschar erschüttert sogar mich.

Gabriel also reißt mich aus meinem Vor-mich-hin-Brüten und zeigt auf einen Schutthügel. Er beginnt zu sprechen, auf Aramäisch, seine Muttersprache und die Sprache meines Clans. Gabriel, dieser schwerbewaffnete Kämpfer, erzählt mir, dass hier in seiner alten Heimatstadt, bevor der IS ihm dieses Zuhause geraubt hatte, eine syrisch-orthodoxe Marienkirche gestanden hatte. Ich weiß nicht genau warum, aber Erinnerungen an meine Kindheit, an meine Eltern steigen auf. Ich fange an zu lächeln, mitten in dieser zerbombten Einöde, und sammele meine Kräfte. Ich rappele mich auf, renne los, renne wie von Sinnen, immer auf das zerstörte Kirchengebäude zu. Rone, ein anderer Kompagnon, ruft noch, ich solle vorsichtig sein, ich würde jeden Augenblick in eine verdrahtete Mine hineinlaufen. Ich sehe die Mine tatsächlich erst in diesem Moment, weiche aus, renne aber weiter, bis ich an einem Schutthaufen angekommen bin. Von der Verzierung der Treppe, die einst die Kirchenräume verbunden hatte, sticht aus dem Schutt und der Asche ein teils verbogenes Kreuz heraus. Ich grabe, ich wühle es mit meinen blanken Händen aus den Trümmern. Meine Begleiter müssen mich in dem Moment für verrückt halten. Doch mir ist das egal. Fast andächtig nehme ich das, was von diesem heiligen Ort übriggeblieben ist, in meine Hand. Ich stelle das Kreuz auf, ramme das spitze Ende in den Boden und beginne zu beten:

»Herr, der du für uns am Kreuz gestorben bist, bitte vergib mir.

Vergib mir, dass ich den Glauben an dich verloren habe.

Vergib mir, dass ich vergaß, was mich meine Eltern einst lehrten.

Vergib mir, dass ich nicht mehr wusste, was Liebe ist.

Herr, vergib mir, dass ich auf dem falschen Weg war und so wie die zu werden drohte, die so viel Leid über die Menschen gebracht haben.«

So bete ich leise vor mich hin. Für mich alleine. In Gedanken bei Gott. Bei meinen Eltern, meinen Geschwistern, meinen Freunden.

Ich weiß nicht mehr, wie spät es ist. Nichts kann mich in diesem Moment stören, als ich die Wärme spüre, die mein Herz berührt. Ich beginne endlich, wieder etwas zu fühlen. Und als ich fühle, weiß ich, dass ich lebendig bin. Ich sage nur noch zwei Worte: »Danke, Herr.«

In diesem Augenblick klopft Gabriel auf meine Schultern. Ich bin mir nicht sicher, ob er etwas ahnt, doch die Fröhlichkeit in seinem Gesicht, dieser Moment des Glückes, nach all den Verlusten, die er erlitten hatte, irritiert mich. Gabriel zeigt mit der Hand in eine Richtung, und ich verstehe: Mitten in den Trümmern, den Mondkratern, den die Bomben geschlagen haben, mitten in dieser grauenvollen Verwüstung steht in dem früheren Garten der Kirche ein Olivenbaum. Unbeschadet, mit sattem Grün, die Sonne glitzernd in den Zweigen, die sich im Wind leicht regen. Gabriel packt mich am Arm, seine Wangen glühen und seine Stimme zittert, und er stößt, voller Freude, hervor: »Das ist ein Olivenbaum. Das Zeichen des Lebens. Hier wird es wieder Leben geben.«

Einleitung

Wenn ich heute darüber nachdenke, wie mein Leben verlaufen ist und aus welchem Grund ich dies alles mache, so kann ich nur eine Erklärung geben: Ich habe auf meine innere Stimme gehört. Zum Leidwesen meiner Eltern, meiner Geschwister und meiner Exfrau. Eigentlich hatte ich alles, was man als junger und ehrgeiziger Mensch in einer westlichen Industrienation haben kann: einen Topmanager-Posten, finanzielle Absicherung, all die Annehmlichkeiten der westlichen Welt. Eigentlich. Stattdessen blicke ich zurück auf Jahre voller Abenteuer, nicht selten voll schmerzerfüllter Erinnerungen, auf die Bilder vergewaltigter Frauen und Mädchen, enthaupteter Männer, zerfetzter Leichen. Mein Leben war ursprünglich weit weg davon. Doch entkommt man so tatsächlich den Problemen dieser Welt?

Nein. Früher oder später würden sie uns einholen. Ob wir wollen oder nicht. Der Nahe Osten ist der Hotspot unserer Gegenwart. Gut sechzig Prozent der gesamten Erdölvorkommen liegen in dieser geschichtsträchtigen Region, vierzig Prozent der weltweiten Gasvorkommen. Europa und eine industrielle Welt benötigen billige Energie, um den gewohnten Lebensstandard aufrechterhalten zu können. Doch es ist Wahnsinn zu glauben, dass wir auf ewig so weitermachen dürfen. Früher machte ich mir keine großen Gedanken darüber, weil ich die Konsequenzen unseres Konsums nicht direkt mitbekam. Ich sah nicht die vielen Toten, die Schlachtfelder, die Lügen, weswegen Kriege geführt werden und Millionen Menschen ihr Leben lassen müssen.

Die innere Stimme hatte auch gar nichts damit zu tun, am Anfang zumindest. Es war stattdessen ein innerer Drang, mich auf die Suche nach meiner Vergangenheit zu machen, nach der Geschichte meiner Vorfahren im nahöstlichen Raum. Damals noch mit einem Schwarz-Weiß-Bild im Kopf, das die Welt in eine freie, meistens christliche Welt, und eine dunkle, meistens islamische Welt, unterteilte. Im Islam sah ich das Übel aller negativen Entwicklungen.

Im religiösen Dogmatismus, besonders im politischen Islam, der, ob man nun will oder nicht, die gesamte Gesellschaft in Geiselhaft nimmt, sehe ich nach wie vor einen der Verursacher der aktuellen Konflikte. Gerade die autoritäre Auslegung des Islam ultraorthodoxer Prägung, mit einem Absolutheitsanspruch behaftet, eignet sich perfekt dazu, eine patriarchalische Gesellschaft zu legitimieren, die Frau zu entmündigen und um blinde, wütende und zu allem entschlossene Krieger in den Dschihad zu entsenden. Allerdings begriff ich bald: Religion ist eben auch nur ein Instrument. Eine Zutat, die man einem Konflikt mit verschiedenen Akteuren mit vielen anderen Zutaten beimischt, bis sich daraus eine toxische Mischung ergibt. Aber nur eine Zutat unter vielen.

Die Kraft des Glaubens ist mir gerade als Christ in zweierlei Hinsicht bewusst, im positiven wie im negativen Sinn. Ohne die Hoffnung auf und den Glauben an einen gütigen und liebenden Schöpfer, der verzeiht und für uns alle einen Platz hat, würde ich heute wahrscheinlich nicht diese Zeilen verfassen. Weil ich oftmals einer tödlichen Situation entkommen und mit unvorstellbaren Grausamkeiten konfrontiert worden bin, mag manch einer denken, dass ich vielleicht den Verstand verloren hätte. Das habe ich nicht. Was ich verloren habe, was ich hinter mir gelassen habe, war ein Leben in einem Hamsterrad, auf einem wichtigen Posten in einem global agierenden Konzern sitzend, immer dem Profit hinterherjagend. Auch wenn ich dafür weitere Opfer in Kauf genommen habe, inklusive einer Scheidung von einem Menschen, den ich liebte, und viel Schmerz, den ich vor allem meiner Mutter bereitete, so bin ich mir zu einhundert Prozent sicher, dass ich das Richtige getan habe. Ich folgte und folge immer noch einem Ruf und kam dadurch nicht nur meinem Glauben viel näher, als es in der westlichen Welt möglich gewesen wäre. Nein, ich machte in den letzten Jahren einen gewaltigen Transformationsprozess durch, der mein Innerstes nach außen stülpte und mich dem Frieden näher brachte, so paradox das klingen mag. Und zwar gerade in dem Moment, als Bombenkrater, Minen und verkohlte Leichenfetzen dschihadistischer Kämpfer meine Umgebung säumten.

Die folgenden Erzählungen schildern diesen Transformationsprozess. Ein persönlicher Prozess, der über meinen Krieg und meinen Frieden erzählt. Der aber auch einen anderen Blick auf die Welt zulässt und zeigt, dass und wie Frieden möglich ist und warum ich daran glaube. Gerade weil ich dort war.

Keine Heimat mehr

Ende der Siebzigerjahre befand sich die Welt noch mitten im Kalten Krieg. Die Türkei, der Nachfolgestaat des Osmanischen Reiches, galt – und gilt immer noch – als geopolitische Pufferzone zwischen Kleinasien, dem Nahen Osten und Europa. Ebenfalls sollte, zumindest bis weit in die Nullerjahre des neuen Jahrtausends hinein, der stabilisierende Faktor der einst laizistisch-kemalistischen Republik nicht außer Acht gelassen werden. Heute verabschiedet sich der Laizismus aus der vorher modernen Türkei, der politische Islam hat Einzug gehalten, und was zunächst wie eine funktionierende Versöhnung und Harmonisierung zwischen Islam und Demokratie betrachtet wurde, sieht heute ganz anders aus. Die Türkei ist gespalten zwischen einem immer noch westlich orientierten Teil und einem religiös erwachten Südostanatolien, in dem eine Art Bürgerkrieg mit den Kurden aufgeflammt ist, der bereits Ende der 70er meine Familie dazu zwang, die angestammte Heimat zu verlassen.

Die Stadt Nusaybin liegt an der syrischen Grenze und klebt fast förmlich an Qamishli, ihrer Schwesterstadt, von der sie nur durch einen Zaun getrennt ist. Noch vor dem Syrienkrieg passierten Syrer und Türken diese Grenze, die eigentlich nur ein einfaches Tor ist, um direkt von einer Stadt in die andere zu kommen. Laut der Erzählungen meiner Eltern gab es früher noch nicht einmal einen Grenzzaun. Der moderne Nationalstaat, so wie er für uns als selbstverständlich erscheint, ist eine recht junge Entwicklung. Und manche Großeltern erinnern sich noch an die alte Zeit, in der sie sich in ihrer Jugend frei und ohne Hindernisse bewegen konnten, in der Schafhirten ein riesiges Territorium ohne künstliche Grenzen durchschreiten konnten, so wie es ihr Clan seit Jahrhunderten gewohnt war. Im Laufe meiner Erzählungen wird man verstehen, warum gerade diese Freiheit so wichtig ist und ihr Beschneiden für so viele Konflikte sorgt und weiter sorgen wird. Wer die Clans nicht versteht, versteht die Konflikte nicht.

Ich selbst stamme aus einem Clan, der dort seit Jahrhunderten lebt. Ich kam 1978 in Nusaybin, in eben jener alten Königsstadt, deren Wurzeln bis in das Zeitalter der Assyrer zurückreichen und die eine der ältesten Universitäten der damals bekannten Welt beherbergte, zur Welt. Der heilige Ephrem, Schüler des heiligen Jakobs und einer der großen Kirchenlehrer der christlichen Welt, wurde um 306 n. Chr. hier geboren. Heute ist die Stadt leider zu einem umkämpften Ort verkommen, in der sich junge Kurden und das türkische Militär Scharmützel liefern; der letzte Christ hat die Stadt 2015 verlassen, kurz nachdem ich ihn noch besucht und ein letztes Mal die Ausgrabungen der alten Universität und die uralten Gemäuer der Kirchen des Heiligen Jakob, im Westaramäischen Mor Jakob genannt, besichtigt hatte.

Die Geburt war für meine Mutter eine Tortur, wie vieles damals. Es hatte bei der Schwangerschaft Komplikationen gegeben. In einer Zeit, in der man in Europa religiöse Konflikte als überwunden ansah, wurde meiner Mutter die Behandlung im örtlichen Krankenhaus verweigert. Als »Urchristen« betrachtete man uns damals als Menschen zweiter Klasse. Teilweise ist das heute noch so. Und als Mensch zweiter Klasse wurde auch meine Mutter behandelt, mit dem ungeborenen Kind im Leib. Ich wurde im Haus der Großeltern geboren, meine Mutter kämpfte um ihr Leben, ich auch.

Schließlich brachte mein Vater mich in eine nahegelegene Kirche und legte mich am Altar ab. Am nächsten Tag kam er zurück und ich hatte die Augen geöffnet, so erzählt er es.

1980 entzündete sich der Konflikt zwischen der kurdischen Guerilla und dem türkischen Militär immer mehr. Dazwischen wurden die Suryoye oder auch Suryanis, so bezeichnet man die Christen heute noch in der Türkei, aufgerieben. Nachts verlangten die kurdischen Partisanen Unterschlupf und Versorgung. Tagsüber kam das Militär und bezichtigte die Christen der Kollaboration mit den kurdischen Revolutionären. Hinzu kamen Erniedrigungen durch feudale Stammesführer, die sich mal als Beschützer eines christlichen Dorfes betrachteten, dann dieses wiederum attackierten. Die vermeintlichen Beschützer erhielten, wie als Selbstverständlichkeit, einen Teil der Ernte als Bezahlung für die Gewährleistung, in Sicherheit leben zu dürfen. Denn der türkische Staat vermochte es nicht, den Schutz der christlichen Bevölkerung, deren Population durch den Genozid von 1915 von 20 Prozent auf 0,1 Prozent dramatisch geschrumpft war, sicherzustellen. Und so wählten auch meine jungen Eltern, wie viele andere Familien, die aus dem Tur Abdin kamen (Tur Abdin heißt aus dem Westaramäischen übersetzt »Berg der Knechte Gottes« und bezieht sich auf die Stammesregion der syrischen-orthodoxen Christen im südostanatolischen Raum), die Migration.

Das Ziel war Deutschland, oder besser gesagt »Alemanya«, so der im Türkischen verwendete Begriff. Ich sage das bewusst, weil sich meine ersten Erinnerungen daran knüpfen, dass in dem Viertel, in dem wir die ersten Jahre verbrachten, kaum ein Wort Deutsch gesprochen wurde. Das Aramäische war meine Basissprache und ansonsten hörte man auf dem Spielplatz alles Mögliche. Jedenfalls klebte ich bis zu meinem vierten Lebensjahr immer an den Lippen meiner älteren Schwester, die bereits eingeschult war. Ich glaube, die ersten Worte, die ich erlernte, waren »Eis« und »Saure Zunge«. Beides gab es für ein paar Pfennige, die ich ab und zu von Helmut, unserem Nachbarn, bekam, in der Bäckerei um die Ecke. Helmut, der Sohn polnischer Einwanderer, war ein liebenswerter Kerl, der dem Bier nicht abgeneigt war. Und soweit ich mich erinnern kann, bekam man für eine Flasche Bier im nächsten Wirtshaus zehn Pfennig Pfand. So gingen wir mit Helmut die perfekte Symbiose ein. In einer kleinen Gang mit Halbwüchsigen entschieden wir, Helmuts Bierflaschen untereinander aufzuteilen, die seiner Besucher kamen später noch dazu, um uns vom hart verdienten Pfandgeld mit Süßigkeiten einzudecken, eben mit Eis und »Sauren Zungen«. Natürlich galt es für die uns Kindern überlassenen Pfandflaschen eine Gegenleistung zu erbringen. Helmut drückte uns die Geldmünzen in die Hand, für die wir ihm neues Bier holen sollten. Wir Kinder hatten damit unsere Süßigkeiten und Helmut einen günstigen Bierlieferservice. Damit waren wir alle glücklich.

Allerdings selbst in Alemanya spürten wir auf dem Spielplatz mit türkischen Kindern die Differenzen zwischen uns. Misstrauisch beäugten wir uns gegenseitig, und Freundschaften waren damals nur schwer möglich. Hinzu kam, dass wir ohnehin eine kritische Haltung gegenüber allem einnahmen, was muslimisch war. Heutzutage sehe ich viele Dinge natürlich anders. Doch muss man bedenken, aus welcher konfliktreichen Region wir damals kamen, in der bis zum heutigen Zeitpunkt, inzwischen sogar wieder verstärkt, Christen und andere religiöse Minderheiten in ihren Rechten beschnitten werden. Das prägt und wurde auch von Generation zu Generation weitervermittelt.

Deutschland leben, Deutschland verstehen

Als ich vier Jahre alt war, schaffte es mein Vater, und er kämpfte hart dafür, bei der nächstgelegenen katholischen Gemeinde, in der wir auch unseren Gottesdienst zelebrieren durften, einen Kindergartenplatz für mich zu sichern. Immer wieder, selbst jetzt, da ich nahe der Vierziger bin, erklärt mir mein Vater, wie wichtig dieser Schritt für ihn war. Wir konnten uns theoretisch keinen Kindergartenplatz leisten. Doch die Gemeinde stellte Migrantenkindern einige Plätze kostenlos zur Verfügung, und ich war einer der Glücklichen. Da mein Vater nichts annehmen wollte, ohne dafür auch eine Gegenleistung zu erbringen, begann er, kostenlos den Rasen der Gemeinde zu mähen und den Garten instand zu halten. Vieles erschien mir damals so seltsam. Mein Vater zwang mich anfangs förmlich, in den Kindergarten zu gehen. Ich weigerte mich zunächst und weinte die ersten Tage, weil ich einfach niemanden verstand. Außer Bierflaschen, Pfand und die Bezeichnung einiger Süßigkeiten kannte ich kein anderes deutsches Wort. Nun, bald erlernte ich dank meiner Erzieherinnen mein nächstes: »Pudding«.

Eines Tages, es war Sommer, spielte ich mit anderen Kindern im Innenraum des Kindergartens, an den der Garten angrenzte. Vom Garten selbst waren wir durch eine große Panoramascheibe getrennt. Und an diesem Tag sah ich draußen einen Mann, stark schwitzend, den Rasen mähen. Es war mein Vater. Als mein Vater sah, wie ich ihn durch die Scheibe beobachtete, blieb er kurz stehen, lächelte mich für ein paar Sekunden an und setzte seine Arbeit fort. An diesen Tag holte er mich selbst vom Kindergarten ab (inzwischen konnte ich eigentlich eigenständig den Weg zur Einrichtung gehen) und sagte mir etwas, was ich damals, kurz vor der Einschulung, nicht verstand. Er sagte zu mir, dass ich einer der Wenigen sei, der in den Genuss käme, einen Kindergarten zu besuchen. Und dass es ihm sehr wichtig sei, dass ich Deutsch lerne und mit anderen Kindern, mit deutschen Kindern, zusammenkomme.

Heute denke ich sehr oft nach über die vorausschauende Tat dieses Mannes, der in der Türkei nicht zur Schule gehen konnte, weil er als Ältester für die Familie verantwortlich gewesen war. Der als junger Schafhirte tagelang in der Natur seine Zeit verbracht und sich durch das Studieren von Zeitungen das Lesen und Schreiben selbst beigebracht hatte.

Mit sechs Jahren wurde ich eingeschult. Kurz darauf ereignete sich etwas, was mein späteres Leben definitiv prägte und weiterhin prägt. Ich weiß nicht, was geschehen war. Jedoch sagte mein Vater zu mir, dass wir nun in einem freien Land leben würden. Hier dürfte ich meine Muttersprache sprechen, hier dürfte ich mich frei äußern und vor allem frei meine Religion ausüben. Jahrzehnte später, als ich wieder einmal in den Kriegsgebieten des Nahen Ostens gewesen war und heil zurückkam, fragte mein Vater, weshalb ich das alles tun würde. Ich entgegnete ihm, dass ich es für die Freiheit hier und dort tue: frei seine Sprache sprechen zu dürfen, frei seine Meinung sagen zu dürfen, frei seinem Glauben nachgehen zu dürfen. Und ich fügte hinzu: »Das waren deine Worte, Papa.« Da blickte er mich mit feucht schimmernden Augen an und sagte, dass sein Herz sich wünschte, er hätte mir das damals nie gesagt. Doch sein Verstand wisse, dass ich recht hätte.

Die Schule absolvierte ich nicht mit einem perfekten Abschluss. Dank der Hilfe unserer deutschen Nachbarn – mein Vater entschied sich so früh wie möglich, aus dem »Ghetto«, in dem wir anfangs lebten, in eine Umgebung zu ziehen, in der mehr Deutsche lebten – konnte ich meine schulischen Leistungen einigermaßen verbessern. Klaus und Gisela, so hießen unsere deutschen Freunde, halfen mir besonders in Algebra und in Deutsch. Mathematik und technisches Denkvermögen waren meine Stärken und bildeten auch im späteren Verlauf meines Lebens die Grundlage für ein eigenes Unternehmen im Technikbereich. Nach meiner wirtschaftlich-kaufmännischen Ausbildung in einem Industrieunternehmen und der Annahme der deutschen Staatsbürgerschaft wurde ich 1998 zum Wehrdienst eingezogen. Für mich war es klar, mit der Waffe in der Hand zu dienen. Auch wenn es für manchen wie ein Widerspruch klingt, gerade wegen meines christlichen Wertekanons, so sehe ich doch die Pflicht eines jeden Christen darin, das heilige Leben zu beschützen und zu verteidigen. Nebenbei war ich stolz darauf, Teil einer Wertegemeinschaft zu sein, die sich trotz der Ausbildung an der Waffe einen beispielhaften moralischen Kodex auferlegt hat. Bitter musste ich im späteren Verlauf meines Lebens erfahren, dass das nicht für alle Armeen dieser Welt gilt. Und dass wohl nur das Erlernen des Umgangs mit einer Waffe und meine militärische Ausbildung mir in vielen Situationen geholfen oder sogar mein Leben gerettet haben.

Nach meinem Dienst bei der Luftwaffe begann meine Karriere. Nach einer kurzen Zeit in einem Start-up-Unternehmen, inklusive Manager-Posten, Börsencrash und Pleite, gründete ich mein eigenes IT-Unternehmen. Ich produzierte in Asien IT-Hardware und Unterhaltungselektronik. Damals machte ich mir keine großen Gedanken über den Abbau der für die Produkte benötigten Rohstoffe oder die manchmal menschenunwürdigen Bedingungen, unter denen Menschen Konsumgüter und Textilien in einem asiatischen Land zusammenschusterten. Ich bereiste die ganze Welt: Japan, China, Taiwan, Malaysia, Australien ... Ich war überall dort, wo die neuste Elektronik zu finden war. Die Zeit damals vergleiche ich gerne mit einem Rausch, gefolgt von einem schweren Kater. Nach sieben Jahre musste ich, wegen eigener Fehler, das hart aufgebaute Unternehmen schließen und mehrere Mitarbeiter entlassen. Eine bittere Erfahrung. Und wieder war es meine Familie, besonders mein Vater, der mich aus einem Tief holte. Er sagte zu mir: »Sieben Jahre sah ich meinen Sohn nicht mehr. Von Montag bis Sonntag. Nun bist du zu uns zurückgekehrt.«

Mein Vater gab mir damit zu verstehen, dass ich in all den Jahren, in denen ich mein Unternehmen aufgebaut hatte, mental als Sohn nicht mehr anwesend gewesen war. Ich war zwar meinen familiären Pflichten als ältester Sohn nachgekommen. Doch ich war nie ganz dagewesen. Erst in diesem Moment, als mein Vater meine Hand hielt, merkte ich wie schmerzhaft das für ihn gewesen sein musste.

Dank meiner Kenntnisse in der Elektrotechnik und meiner internationalen Erfahrung fand ich schnell eine Anstellung bei einem japanischen Großkonzern. Hier kam ich mit den wichtigsten Industriezweigen dieser Welt auf Entwicklerebene in Kontakt. Dazu gehörten auch Bereiche in der militärischen Entwicklung. Später wechselte ich das Unternehmen und hatte einen Seniorposten im weltweit größten Marktforschungsunternehmen. Verantwortlich für die Bereiche technologische Entwicklungen für Europa und den Nahen Osten, erlangte ich auf internationaler Ebene Einblicke in eine Welt, die den meisten Bürgern wohl auf ewig verschlossen bleibt.

Gerade durch die beruflichen Erfahrungen dieser Jahre erkannte ich in einem sich immer schneller drehenden globalen Umfeld den Zusammenhang sowohl zwischen Rohstoffen, Energie, unserem Konsum und vergangener als auch aktueller Konflikte.

2010 besuchte ich zum ersten Mal wieder die Heimat, in der ich einst geboren wurde.

An dem Tag, an dem ich den heiligen Boden meiner Vorväter berührte, den Sand unter meinen Füßen spürte und die warme Sonne auf meiner Haut, schloss ich die Augen und versank in einer Welt, weit, sehr weit in der Vergangenheit, die unvorstellbar grausame Bilder in mir hervorrief. So grausam, dass mir schwindlig wurde und ich auch auf den, so schien mir, blutgetränkten Boden auf die Knie fiel. Neben mir sah ich die Leichen derer, die geschändet worden waren. Und mein eigener Kopf lag vom Rumpf getrennt im Sand.

Noch viele Wochen danach, zurück in Deutschland, erwachte ich nachts immer wieder aus meinen Albträumen, meine eigene Hinrichtung vor Augen, vor anderen Gefangenen kniend.

Das war der Zeitpunkt, an dem ich eine Entscheidung traf.

Eine Entscheidung, die mich bis an meine geistigen und körperlichen Grenzen brachte und die alles verändern sollte.

Ist das dein Name?

Seit meinem zweiten Lebensjahr, als meine Eltern gemeinsam mit mir und meiner fünf Jahre älteren Schwester die frühere Heimat in Südostanatolien verlassen hatten, hatte ich lediglich einmal türkischen Boden betreten. Und dies auch nur für eine Woche an einem der bekannten Urlaubsorte, die so gar nichts mit der Realität im südöstlichen Raum zu tun haben.

Als ich 2005 das erste Mal zurückkehrte, fragte mich der Beamte bei der Passkontrolle: »Jacob Simon, das ist doch kein türkischer Name.« Ich entgegnete ihm, dass das stimmte. Er fragte mich dann auf Englisch, ob ein Elternteil von mir deutsch sei. Ich verneinte. Dann die Frage, wie ich zu dem Namen gekommen sei. Ich erklärte ihm, dass das schon immer mein Name gewesen wäre. Und auch das stimmte: Die Türkei hatte lediglich meine Familie, wie auch Angehörige anderer indigenen Minderheiten wie Aleviten oder Kurden, dazu gezwungen, türkische Nachnamen anzunehmen. Unter dem Gesetz 2525, am 02.01.1935 in der heutigen Türkei in Kraft getreten, mussten unsere Großeltern und Urgroßeltern ihre christlichen Nachnamen ablegen. Ihre Identität sollte aufgelöst werden und in einer einheitlichen Nation aufgehen. Ich wusste bereits als Kind, dass der Versuch unternommen worden war, unsere Identität auszulöschen. Innerlich konnte und wollte ich das nie akzeptieren. Ich wusste intuitiv, dass man einen Teil meiner Persönlichkeit, meiner Kultur, meiner Geschichte auslöschen wollte. Anstatt den Wert der Vielfalt zu erkennen und zu nutzen, vorausschauend im Sinne einer gleichberechtigten Gesellschaft, war es dem türkischen Staat wichtiger, seinen Bürgern eine »Einheitsidentität« zu verpassen. Ein Staat, eine Religion, ein Name. Viele der heutigen Spannungen resultieren aus eben jener Sichtweise, die in Konflikten mündet, wie wir sie zwischen Teilen der kurdischen Bevölkerung und der Türkei sehen.

Als ich die deutsche Staatsbürgerschaft annahm, ich war sechzehn, beschloss ich, unseren Familiennamen zu ändern. Mein Vater spürte schnell, wie ernst es mir war, und ließ mich gewähren. Die nette Sachbearbeiterin, bei der ich anfragte, fragte mich damals, warum ich den Namen ändern wolle. Gute Frage! Vor allem für einen Jugendlichen, der noch nicht volljährig war. Ich schrieb meine Gedanken nieder, und heute komme ich im Wesentlichen auf zwei Gründe: Uns ist in einem unfreien Land Unrecht widerfahren. Und in einem freien Land möchte ich dieses Unrecht revidieren.

Mag sein, dass es an meinem jugendlichen Übermut lag oder einfach nur daran, dass ich wahrscheinlich der erste Antragsteller in Schwaben war, der um eine Namensänderung bat, ich weiß es nicht. Doch bekamen meine Familie und ich kurze Zeit später die Genehmigung. Nun hätte ich den Familiennamen, der im Syrisch-Aramäischen »meh Yahkup«, also »von Jakob«, heißt, ebenfalls in der Ursprungssprache behalten können. Doch sah ich darin keinen Sinn. Mit Annahme der deutschen Staatsangehörigkeit wurde ich auch Deutscher. Freiwillig und ohne jeden Zwang, ohne Druck, ohne einen Gesetzestext, der meine Identität auslöschen sollte. Sollte ich da nicht auch bereit sein, meinen Namen der europäischen Norm anzupassen? Und so wurde aus »meh Yahkup« Jacob.

Dem Mitarbeiter am Flughafen erklärte ich dies natürlich nicht so ausführlich, als ich nach 25 Jahren zum ersten Mal wieder türkischen Boden betrat. Ich glaube auch nicht, dass der Mann meine Beweggründe verstanden hätte. Viele türkische Mitbürger, die wunderbare Menschen sind, würden das auch heute nicht verstehen. Gerade Nationalisten sehen die Änderungen der Nachnamen, die viele Christen aus der Türkei in Deutschland und Europa inzwischen vorgenommen haben, recht skeptisch. Mit Blick auf die Stabilität eines Staates kann man das vielleicht auch ein wenig verstehen. Nur gibt es eine riesige Kluft zwischen dem Zwang, die komplette Identität aufzugeben, samt der Tradition, der Sprache, der Kultur und der Religion einerseits, und andererseits der freiwilligen Bereitschaft, sich in eine demokratische Gesellschaft zu integrieren, die einem Spielraum lässt.

Mit Spielraum meine ich nicht, dass wir die patriarchalischen Strukturen mit ihrem Rechtscodex beibehalten sollten, die auch, und diese Eigenschaft ist als eine religionsübergreifende im nahöstlichen Raum zu betrachten, Christen betreffen. Würden wir dies tun oder hätte ich das getan, wäre eine Kollision mit dem Rechtstaat, der das Gewaltmonopol hat, unabwendbar gewesen. Nein, gerade die Integration in eine offene und pluralistische Gesellschaft lässt mir Spielraum für meine Kultur, meine Religion und auch Tradition – solange diese mit dem hiesigen Wertekanon, von dem alle Gesellschaftsschichten profitieren, nicht kollidieren oder gegen geltende Gesetze verstoßen.

Leider haben sich inzwischen, was der verantwortungslosen Migrationspolitik der letzten Jahrzehnte zuzuschreiben ist und der Ignoranz gegenüber der Tatsache, dass Deutschland schon längst ein Einwanderungsland ist, patriarchalische Parallelgesellschaften gebildet, die ihren eigenen Gesetzeskodex haben. Mit verheerenden Folgen für den Zusammenhalt in der Gesellschaft und dem Entstehen rechtspopulistischer Gruppierungen an den politischen Rändern in ganz Europa.

Damals war das noch weit weg. Die eine Woche Urlaub, die ich an der türkischen Küste verbrachte, regte meine Gedanken an. Die Menschen waren freundlich. Die Umgebung war vielfältig, und zum ersten Mal wurde mir bewusst, dass Türkei nicht gleich Türkei ist. In den darauffolgenden Jahren besuchte ich noch sehr oft dieses wunderschöne Land mit seinen kulturellen Schätzen. Heute weiß ich, dass die Türkei vielfältig und äußerst heterogen ist. Sie nur auf eine Religion, eine Kultur oder eine Ethnie zu reduzieren, wäre nicht fair gegenüber Millionen Bürgern dieses Landes, das teilweise nicht bunter sein könnte. Und so war nach diesem Urlaub mein Interesse geweckt und ich wollte mehr vom Land meiner Vorfahren entdecken. Meine Reise begann.

Zurück auf
heiligem Boden

Nach 28 Jahren saß ich nun in einem Flugzeug zwischen Istanbul und einem Regionalflughafen in Südostanatolien. Endlich, nach so langer Zeit, wollte ich den Boden betreten, wo ich auf die Welt gekommen war. Gemeinsam mit meinem Vater und einigen Verwandten machte ich mich auf den Weg, die alte Heimat zu besuchen. Während des innertürkischen Fluges zwischen der prosperierenden Stadt am Bosporus mit ihrem lebendigen Nachtleben, dem Schmelztiegel der Kulturen, dieser durchgehend pulsierenden Metropole und der so völlig anderen Region in Anatolien gingen mir viele Gedanken durch den Kopf. Gedanken, die voller Farben waren. Teils versuchte ich mir vorzustellen, welches Leben meine Eltern und Großeltern geführt hatten, verbunden mit der Erkenntnis, dass sie auch wunderschöne Erinnerungen hatten. Erinnerungen, die die Augen meines Vaters immer wieder zum Leuchten brachten, wenn er von früher sprach. Auch wenn das Leben für ihn damals sehr hart gewesen sein musste, so muss es auch wunderbare Momente gegeben haben, die eine immense Sehnsucht in ihm zu wecken schienen.

Mein Vater ist ein kräftiger Mann. Ein liebenswerter Mensch, der seine Hauptaufgabe darin sieht, seine Familie zu beschützen. Gerade diese Eigenschaft lässt ihn sehr ernst erscheinen, und als Kind hatte ich teilweise Angst davor. Er überließ es eher meiner Mutter, mir die Zuneigung zukommen zu lassen, die er mir so nie geben konnte. Als ich noch ein Jugendlicher war, sagte mein Vater einmal zu mir, wie sehr es ihm leid täte, dass er mir nicht die gleiche Liebe wie meine Mutter entgegenbringe könne. Doch seine Art der Zuneigung, die Verantwortung gegenüber seinen Kindern, war eine andere. Deshalb nahm er mich eines Tages, ich muss 14 oder 15 Jahre alt gewesen sein, mit zu seinem früheren Arbeitgeber: ein Industriebetrieb, in dem er sich als Sandstrahler, eingepackt in einer Art gepanzertem Schutzanzug mit Maske, in einem abgeriegelten Raum abschuftete. Manchmal drangen trotzdem Chemikalien in den Anzug und verursachten eine Pigmentstörung der Haut, besonders an den Händen. Nach getaner Arbeit zeigte mir mein Vater seine Hände. Als Beweis dafür, dass seine Zuneigung eben eine andere war und er alles versuchte, um uns Kindern eine möglichst große Zukunft zu schenken. Jedenfalls saß ich nun mit meinem Vater im Flugzeug und ich sah ihn unentwegt lächeln. Er lachte, wie ich ihn nie zuvor hatte lachen sehen. Zum ersten Mal sah ich meinen Vater sehr, sehr glücklich. Ich entschied für mich, dass es die Verbundenheit mit seiner früheren Heimat war und ist, spiritueller Natur und in Symbiose mit seinem Glauben, die diese Freude in seinem Herzen auslöste. Deutschland war und bleibt seine irdische Heimat. Doch sein Geist vermochte es nie, den Ursprung seines Glaubens zu verdrängen.

Das Schlichte im Glauben

Angekommen am Flughafen fuhren wir zunächst mit einem kleinen Bus, in der Türkei »Dolmish« genannt, Richtung Süden nach Midyat nahe der syrischen Grenze, dort war ich nach meiner Geburt registriert worden. Als wir die recht gut ausgebaute Straße entlangfuhren, stellte ich mir beim

Betrachten der hügeligen Landschaft mit ihrem roten Boden, reich an Vulkangestein, vor, wie einst assyrische, persische, griechische und römische Truppen sich ihren Weg hier entlang bahnten. »Wie viele Völker haben wohl dieses Land betreten?«, ging es mir durch den Kopf. Wie viel Blut ist geflossen und wie viele Menschen sind gestorben, um die strategisch wichtigen Ebenen dieser Region zu erobern? Zuletzt fragte ich mich, ob die Bagdadbahn, die im Osmanischen Reich mit Hilfe deutscher Ingenieurskunst und deutscher Kredite errichtet wurde, von Anfang an auch nur als strategisches Projekt auserkoren worden war. Nicht weit von meinem Geburtsort entfernt, nahe der syrisch-türkischen Grenze, verliefen die Gleise, die zwischen den Wirren des Ersten Weltkrieges dem Osmanischen Reich für die Deportation und Vernichtung der Christen so dienlich gewesen waren. Mit Duldung des Deutschen Kaiserreiches. Damals wie heute ging es in erster Linie um die Absicherung von Rohstoffen. Das Deutsche Kaiserreich sah sich durch andere Kolonialmächte bedrängt. Die Bagdadbahn sollte den Zugang zu Märkten, Energie und eben jenen Rohstoffen sichern, die ein expandierendes Großreich während einer starken Industrialisierungsphase nun einmal brauchte. Doch zu welchem Preis? Ohne die Transportkapazitäten des eisernen Beförderungssystems wäre die Deportation Hunderttausender Christen in die syrische Wüste, wo sie zusammengepfercht in Waggons elendig starben, unter ihnen viele Kinder und Frauen, logistisch nicht zu bewältigen gewesen. Die technologische Entwicklung, und dies durfte ich zu meinem Leidweisen in den darauffolgenden Jahren meiner intensiven Reisen immer wieder erfahren, erweitert die Möglichkeit, Menschen geplant und effektiv umzubringen. Dazu bedarf es noch nicht einmal einer groß angelegten militärischen

Ausbildung. Das Verbreiten eines Gerüchtes über die sozialen Medien, gepaart mit ein paar gut platzierten Bildern, die man mit dem Smartphone gemacht hat, reichen heutzutage in einer aufgeheizten Stimmung völlig aus, um für Tote zu sorgen. Eine Methode, auf die sich lokale Extremisten nur zu gut verstehen.

In Midyat angekommen ging es nach dem Essen – mir schienen das frische Brot, Gemüse, Obst und Käse so intensiv und schmackhaft wie nie zuvor und voller Sonnenkraft – zum Kloster Mor Abraham. Als ich dieses Gebäude betrat, das uralte Mauerwerk, einer fest gesicherten Burg gleich, fühlte ich mich sofort wie zu Hause. Im Gebetshaus betrachtete ich die schlichte Schönheit des Altarraums mit seinen von Hand gewobenen Wandteppichen, die die Heiligen frühchristlicher Geschichte darstellten. Sie waren nicht so filigran wie Kunstwerke, die man aus Rom oder Venedig kennt. Die Ikonen sahen schlicht und einfach aus, fast schon kindlich in ihrer Darstellung. Ich ertappte mich bei dem Gedanken, immer noch die Meisterwerke im Kopf, die ich mit der Epoche des Barocks, des Rokokos oder der Renaissance in Verbindung brachte, wie ich mir fast schon spöttisch ausmalte, dass Kinderhände all diese Werke geschaffen hätten, nur um im nächsten Augenblick Schuldgefühle zu empfinden. In diesem Moment, während ich alles auf mich einwirken ließ, entfaltete sich der Zauber dieses urchristlichen sakralen Ortes. Ich musste innerlich schmunzeln. »Was vergleiche ich verwöhnter Europäer auch die Kunst Europas mit der Schlichtheit dieses Ortes?« War es doch gerade diese Schlichtheit, das Einfache im Glauben an etwas Gutes, an all die Heiligen, die Menschen gesunden ließen, ihnen Liebe und Trost schenkten, was all diese Gemälde und Wandteppiche ausmachte. Nicht die pompöse Erscheinung stand hier im Mittelpunkt. Es war eher das Zurückgezogene eines Glaubens, der sich Jahrhunderte lang dem Diktat der vielen Herrscher gebeugt hat, und sich trotzdem, oder gerade deswegen, auch nach Wellen der Verfolgung noch entwickeln konnte. Es gab wohl keinen schöneren Beweis für die zentrale Kernbotschaft des christlichen Glaubens, als das einfache Konzept der Liebe und Zuneigung. Eine Lektion und Erfahrung, die mich prägen sollte. Verankert in der Überzeugung, dass die christliche Lehre, so wie sie ursprünglich war und auch sein sollte, nicht durch das Schwert verbreitet werden kann. Der christliche Glaube ist Liebe. Liebe zur Schöpfung, zur Einfachheit des Lebens, die in jeder einzelnen Zelle eines Lebewesens, vom einfachen Bakterium bis hin zum Menschen, in Erscheinung tritt. Und doch so farbenfroh und komplex in ihrer Vielfalt ist.

Der »Agha« und das Gesetz der Clans

Gegen sechs Uhr morgens weckte mich der Ruf eines Federtieres, das ich nur mariniert und auf dem Grill gebraten kannte. Ich versuchte, mir die Ohren zuzuhalten, als dieser verdammte Gockel mich aus dem so angenehmen Schlaf riss. Ich habe mich an vieles gewöhnt durch die vielen Tage, Wochen und Monate, die ich inzwischen im Nahen Osten und seinen ländlichen Regionen verbracht habe. An dieses Hahnengeschrei bis heute nicht.

Kurzes Frühstück, dann endlich war es soweit: Wir fuhren zum Heimatdorf meines Vaters, zu den Wurzeln meines Stammbaums. Onkel Jakob, in den frühen Siebzigern in die Schweiz immigriert, war Anfang des neuen Jahrtausends, nachdem er es mit harter Arbeit zu Wohlstand gebracht hatte, dem Ruf der türkischen Regierung gefolgt und in die ursprüngliche Heimat zurückgegangen. So wie viele andere meiner Verwandten, die einst nach Schweden, Deutschland, Holland oder eben in die Schweiz ausgewandert waren und dann samt Kindern, die in Europa auf die Welt gekommen waren, in das alte Zuhause zurückkehrten. Es war eine Periode, in der die neue Regierung, mit Recep Erdoğan an der Spitze, das Ziel einer Politik der Deeskalation verfolgte. Mit der kurdischen PKK wurde Frieden geschlossen, den Christen in der Region, die unter dem Begriff »Suryani« bekannt sind, wurde Sicherheit und Frieden versprochen. Sie sollten zurückkehren, ihren Besitz in Anspruch nehmen und die Region mitgestalten. Es begann eine Zeit der Öffnung, der Hoffnung, gepaart mit einer Aufbruchsstimmung, die die Menschen beflügelte. »Endlich erkennt uns die Türkei als gleichwertige Bürger an«, dachten viele. Sie nahmen Geld in die Hand, um die Dörfer des Tur Abdin wieder erblühen zu lassen. Im Fall meines Heimatdorfes, im Aramäischen »Kafro« genannt, war es besonders interessant zu sehen, wie in Deutschland ausgebildete Bauarbeiter und Fachhandwerker Gebäude errichteten, die nach strikt deutscher Norm erbaut wurden. Ganz so, als ob das Schwabenländle (viele der Rückkehrer kamen aus Baden-Württemberg), in der tiefsten anatolischen Provinz Einzug gehalten hätte.

Einige Stunden, nachdem uns mein Onkel abgeholt hatte, keine Spur mehr von Schwabenländle. Mag sein, dass man nach außen die Illusion aufrechterhalten kann, dass es sich bei diesem Teil der Türkei um eine Region handelt, die sich an das türkische Recht mit all seinen Facetten hält. Doch dem ist nicht so. Genauso wie bei vielen anderen Ländern des Nahen Ostens ist die Färbung nach außen, die einen Rechtsstaat suggeriert, nur reine Fassade. Auf dem Weg nach Kafro durchquerten wir mehrere Grundstücke mit mineralhaltigem und fruchtbarem Ackerboden. Auf dem Weg hielt mein Onkel plötzlich an, als wir eine entgegenkommende Schafherde erblickten. Der Schafhirte kam meinem Onkel entgegen, grüßte ihn herzlich, und beide kamen ins Gespräch. Ich konnte nicht alles verstehen, doch ging es im Wesentlichen um das Recht, mit der Herde und der für mich unendlich großen Schar an Tieren, die Grundstücke meiner Verwandten und meiner eigenen Familie überqueren zu dürfen. Das Gespräch wurde nun, unter Beteiligung eines älteren Herrn, der sich wenig später in einem Teehaus zu uns gesellte, fortgeführt. Der Mann, groß und imposant gebaut, mit mächtigem Schnurbart, blickte zunächst meinen Onkel an, dann meinen Vater und schließlich kurz mich. Vater stellte sich vor. Erinnerungen wurden ausgetauscht, alte Geschichten über den Vater, Großvater, Urgroßvater. Und wenn ich ehrlich bin, so hatte ich das Gefühl, dass man sich gegenseitig über Erlebnisse berichtete, die einige hundert Jahre zurücklagen. Plötzlich begriff ich, dass es sich bei unserem neuen Gesprächspartner um einen kurdischen Stammesführer handelte, im Kurdischen »Agha« genannt, was so viel wie »Meister« oder »Lehnsherr« bedeutet. Nun richtete der »Agha« den Blick auf den Sohn, der keinen mächtigen Schnauzer und noch nicht einmal einen Bart hatte, fragte mich etwas und mein Onkel übersetzte grinsend:

Ob ich eine Whiskeyflasche für ihn hätte, wurde ich gefragt.

»Was, Whiskey, Alkohol, für einen Muslimen?«, fragte ich erstaunt auf Deutsch.

Alle lachten. »Vergiss das mit dem Islam. Hier zählen Geschenke. Und einen guten Schluck mögen die Aghas«, so mein Vater.

Dieses Erlebnis mag komisch klingen, doch war es auch prägend. Der kurdische »Agha« verhandelte mit meinem Vater und Onkel über das Recht, das nun in Besitz genommene Land weiterhin durchqueren zu dürfen. Man kennt es seit Jahrhunderten nicht anders. Hier draußen auf diesem Acker, durch Schnauzer und Whiskey, begriff ich, dass dieses Ritual, das Vorstellen, das Sich-Kennenlernen und der Aufbau von Vertrauen viel mehr waren als nur ein kurzfristiger Spaß. Das türkische Recht, das es meiner Familie erlaubt hätte, einen Zaun um das Grundstück zu bauen, hatte hier keine Gültigkeit. Das Stammesprinzip war ausschlaggebend und konnte höhergestellt sein, mit ernsten Konsequenzen. Mein Onkel Israel war deswegen einmal mit einem »Agha« in Streit geraten, er hatte dessen Schafherde nicht passieren lassen wollen. Ein Mitglied des »Agha«-Clans diskutierte nicht lang, zog eine Schrotflinte und schoss auf meinen Onkel. Der überlebte und der Täter? Kam ungeschoren davon – ein Clan schützt seine Mitglieder und ist dabei oft auch gegen den modernen Rechtsstaat immun.

In diesen Erlebnissen im Umgang mit einer Stammeskultur steckt so viel mehr Aussagekraft über die Strukturen nahöstlicher Kulturen, als es sich viele in Europa vorzustellen vermögen. Hin und wieder hätte ich mir gewünscht, dass manch ein Außenpolitiker bei meinen Gesprächen dabei gewesen wäre. Er hätte dadurch die Probleme des Nahen Ostens viel besser verstanden und in einigen Momenten anders gehandelt. Deshalb erzähle ich diese kleine, unscheinbare Geschichte: Weil sie zeigt, dass sich die Zukunft des Nahen Ostens – und zunehmend auch des Westens – am Umgang und am Verständnis der Clans entscheidet.

Mein Land, meine Familie, mein Albtraum

Mehrere Tage verbringe ich in dieser Region, die mir mit ihrer immer noch wilden und ungezähmten Landschaft so friedlich vorkommt. Ich durchstreife die hügelige Gegend und versuche mir vorzustellen, wie die frühere Weinkammer Roms einst ausgesehen hat. An den Hängen muss es unzählige Rebstöcke gegeben haben. Der Wein schmeckte bestimmt süß und duftete nach den Früchten, die hier so gut gediehen. Sanft muss die Farbe des Rebensaftes gewesen sein. Melancholisch, blutig fast. So blutig wie der Boden, der sooft Schlachten gesehen hatte. Diesen Boden habe ich nun unter meinen Füßen. Mein Boden. Mein Erbe. Seit Jahrhunderten bestellt mein Clan dieses Land. Meine Vorfahren waren schon da, als die Römer hier herrschten, auch zur Zeit der Perser oder der Griechen. Sie ernteten die Früchte, als das assyrische Imperium auf dem Höhepunkt seiner Macht war. Mesopotamien gab meinen Vorfahren Brot und Wein, Wasser und Wärme, Land und Heimat. Später kam der christliche Glaube dazu und damit eine tiefe Spiritualität, die die Welt verändern sollte. Die Kraft der christlichen Heilslehre, die zunächst hier in Mesopotamien, wo die Sprache Jesu noch heute gesprochen wird, ihre Verbreitung fand, hat die Welt verändert. Doch genau dieser Glaube wurde meinen Vorfahren zum Verhängnis.

Die ganze Tragweite dieses Verhängnisses begreife ich das erste Mal, als ich an einem Abend den Sonnenuntergang genieße, weit draußen außerhalb unseres Dorfes. Ich stehe auf einem unserer Grundstücke und fühle mich auf einmal unendlich traurig. Ich spüre einen pochenden Schmerz hinter meinen Schläfen, der sich kontinuierlich durch meinen Körper ausbreitet. Gefolgt von einer unbeschreiblichen Übelkeit, die meinen Magen sich zusammenkrampfen lässt und reflexartig dazu führt, dass ich meine Hände zu einer Faust balle, falls ich mich in diesem Zustand verteidigen muss. Ich spüre einen unmenschlichen Druck auf meinen Schultern, der mich auf den Boden, diesen Blutboden drückt. Ich versuche dagegen anzukämpfen und verlagere das Gewicht in meine Beine. Die Übelkeit verpasst mir allerdings weitere Magenschläge, ich übergebe mich. Ich stürze auf meine Knie, die Hände in dem sandigen, mittagsheißen Boden. Und als ich dies tue, als ich diesen über die Jahrhunderte mit Blut getränkten Boden berühre, ihn aufsauge, mit ihm eine Verbindung eingehe, in mir aufnehme und tief in meiner Seele verinnerliche, pocht mein Kopf. Ich sehe meine Vorfahren, gejagt, gefoltert, getötet, geschlachtet. Männer, Frauen, Kinder, kein Unterschied. Und dann sehe ich mich. Auf den Boden gedrückt, kniend vor einer Menge und in Ketten gelegt, den Blick nach oben gerichtet, hin zu einem Schwert und einem Henker. Die Menge tobt nicht. Sie ist verstummt. Auch mein Henker ist still. Leise höre ich das Surren der Klinge, während ich noch krampfhaft versuche hochzukommen. Ich hämmere mit den Fäusten auf meinen Kopf ein, um aus diesem Albtraum zu erwachen. Doch der Albtraum hört nicht auf und der Schmerz auch nicht. Es wird Nacht und mir wird schwarz vor den Augen als ich sehe, wie mein Kopf abgeschlagen wird, wie er fällt, wie er den Boden meiner Vorfahren mit Blut tränkt.

Am nächsten Tag fliege ich zurück nach Deutschland. Der Schmerz hört nie ganz auf und aus dem Albtraum bin ich erst sehr spät erwacht. Er kostete mich viel in meinem Leben. Doch ich kann inzwischen damit umgehen. Ich stelle mich diesem Albtraum und ich will niemals, gestärkt durch meinem Glauben, so werden wie die Dämonen in meinen Träumen.

Der Arabische Frühling und erste Vorahnungen: Meine Reise beginnt

Die Erlebnisse in der Heimat meiner Familie hatten mich geprägt. Sie ließen mich nicht mehr los und trotzdem war ich noch nicht so weit, die Reise anzutreten, die mich in die gefährlichsten Gegenden dieser Welt führen sollte. Ich war noch nicht soweit, sollte es aber bald sein, allerdings nicht von allein. Wenn ich heute über meinen Krieg und meinen Frieden schreibe, dann auch, weil mich eine Person mit auf dem Weg nahm: meine Tante Hatune Dogan. Tante Hatune ist Novizin der Syrisch-Orthodoxen Kirche und führt ein Leben, das aufopfernder nicht sein könnte. Mit ihrer Stiftung »Helfende Hände« unterstützt sie diejenigen, die keine Stimme haben. 2010 also lud mich meine Tante ein, sie nach Ägypten zu begleiten, ich sollte über die Situation der Kopten berichten. Ich folgte mit Kameras, Diktiergerät und Notizblock dem Ruf und der Bitte einer unglaublich mutigen, starken, aber auch verrückten Frau des Glaubens – die Abenteuer, die ich in den kommenden Tagen erlebte, grenzten an Wahnsinn und nicht selten musste ich meine Tante darauf hinweisen, dass es verrückt sei, gekleidet in eine Schwesterntracht, mit einem Europäer im Schlepptau, durch ein islamistisches Viertel zu ziehen. Und das, als der »Arabische Frühling« Ägypten erreichte.

Unterwegs in der Müllstadt

Es war November, für mich trotz der Temperaturunterschiede zu Deutschland kein Problem, ich war bereits öfters in Ägypten gewesen. Allerdings nur zum Tauchen und Relaxen. Mit Relaxen hatte das, was folgte, allerdings nichts zu tun. Angekommen in Kairo machten wir uns noch am gleichen Tag auf den Weg nach »Garbage-City«. Al Muqattam, wie die Müllstadt am Rande Kairos im Arabischen genannt wird, ist ein skurriler Ort. Die gut 60.000 bis 70.000 Kopten sorgen dafür, dass, indem sie teilweise den Müll noch auf Esel aus Kairo transportieren, die Abfälle der Hauptstadt nicht nur effizienter entsorgt, sondern auch gleich recycelt werden. Entsprechend finden sich in diesem eigentlich noch zu Kairo gehörenden Distrikt unendlich viele kleine Anlagen, die dazu dienen, den Müll zu pressen, zu sortieren und zu zerkleinern. Fast schon ironisch erschien mir die Tatsache, dass die koptischen Bewohner dieser wirklich mit Müll vollgestopften Stadt Schweine durch die engen Gassen trieben, die sich von organischem Abfall ernährten. Ihr Fleisch wurde in ganz Kairo von koptischen Metzgern an Christen verkauft. Nicht selten wurden die Bewohner der Müllstadt – viele von ihnen haben keine Chance auf einen Arbeitsplatz in der Hauptstadt – genau wegen dieser Schweinezucht Opfer von Repressalien, die von Extremisten ausgingen – ein Beispiel für die Paradoxien und Scheinheiligkeiten, die den Nahen Osten prägen. Vor allem dann, wenn Extremisten starken Einfluss haben.

Einen Tag verbrachten wir also in der Stadt des Mülls und ich stellte bereits nach kurzer Zeit fest, dass meine Haut zu jucken begann. Teilweise hatte ich Ausschläge an unbedeckten Stellen und ständig das Gefühl, eine Art Staubschleier würde meine Haut bedecken. Ich dachte schon darüber nach, meinen ganzen Körper mit Desinfektionsmittel einzureiben. Doch als ich meine Tante betrachtete, keine 1.50 groß, aber mit selbstsicherem Lächeln und der Bitte, ihr zu folgen, da verwarf ich den Gedanken schnell wieder. Ich packte mein Equipment und folgte ihr an einen Ort, der wie ein gigantischer Schlund aussah. Ein Höhlenschlund, der nicht nur mich, sondern bis zu 20.000 Gläubige verschlucken konnte: Die Höhlenkirche St. Samaan ist tatsächlich die größte christliche Gebetsstätte des Nahen Ostens. Nur, dass sie eben nicht von Menschenhand erbaut worden war, sondern natürlich entstanden ist. An dem Tag, an dem ich die Heilige Messe besuchen durfte, kam ich aus dem Staunen nicht mehr heraus. Bereits auf dem Weg zum Höhlen- oder Kircheneingang bewunderte ich die wunderschönen Bildnisse eines polnischen Malers, der hier seiner christlichen Fantasie freien Lauf gelassen und dem Ort etwas Magisches gegeben hatte. Während der Messe selbst war ein fantastischer Chor anwesend, verstärkt durch den Widerhall des gigantischen Hohlkörpers inmitten des Berges. Ich lauschte gebannt, war fast schon hypnotisiert von der Leidenschaft dieser Christen, die teilweise in einer sehr schwierigen Situation zu überleben versuchten und gleichzeitig so inbrünstig feierten. Die Höhle, die auch auf den zweiten und dritten Blick beeindruckend wirkte, mit den Augen abtastend merkte ich nicht, wie sich meine Tante mir näherte. Sie gab mir einen Klaps auf die Schulter, schaute mich an, lächelte und fragte mich: »Na, willst du immer noch hier weg, aus der Stadt des Mülls?«

Nachdem wir in der Müllstadt einige Hilfspakete verteilt hatten, konnte ich mich mit dem zuständigen Priester über die Lage der Christen unterhalten. Bei diesen Gesprächen erfuhr ich vom zunehmenden Extremismus wahabitischer Prägung in der Region und den damit verbundenen Problemen für die Kopten. Am nächsten Tag machten wir uns auf den Weg nach Oberägypten. Genauer gesagt nach Al Qusayr in der Provinz Assiut. Spät nachts kamen wir an. Cusae, wie die Stadt auch genannt wird, ist der Überlieferung nach der südlichste Punkt, an dem die Heilige Familie für sechs Monate Unterschlupf fand. Heute befindet sich fünfzehn Kilometer westlich der Stadt das Kloster »Dair al-Muharraq«, ein bedeutendes religiöses Zentrum der Christen und zugleich Pilgerstätte. Da es bei unserer Ankunft nach der langen Anreise mit dem Zug stockfinster war, konnte ich nicht erkennen, welche weiteren Gebäude sich um das Kloster herum befanden. Eigentlich hat es mich auch nicht interessiert. Ich war nur noch müde.

Die kalte Dusche, die den Staub, der inzwischen wie eine zweite Haut an meinem Körper klebte, von mir abspülte, und die Strapazen der letzten Tage ließen mich bald in einen tiefen Schlaf versinken. In diesem Moment hätte ich überall schlafen können.

Ich bin mir fast sicher, dass ich in dieser Nacht davon träumte, durch einen See voller Desinfektionsmittel zu schwimmen. Nicht die Art, wie man sie als Reinigungsmittel mit einem beißenden Geruch kennt. Sondern eher als Badezusatz, aufgelöst in einem schaumig-warmen Bad. War ich nicht im Land der Kleopatra? Um vier in der Nacht, ich habe mir die Zeit exakt gemerkt, spürte ich mich reflexartig aus dem Bett springen. Ich warf mich hinter das Bett, schützte meinen Körper. Während ich versuchte, meine Atmung wieder zu normalisieren, wurde mir erst bewusst, dass das, was so brutal lärmte, weder ein Jetabfangjäger noch ein Alarmsignal war. Tatsächlich hörte sich das, was aus dem Lautsprecher kam, wie ein metallisch klingender Gebetsruf an. Der Lautsprecher war direkt auf meine Unterkunft gerichtet und der mechanische Ruf ohrenbtäubend. Ich wollte schon wieder ins Bett fallen, als die nächste Welle Lärm über mich hereinbrach. So ging das minutenlang, schließlich von allen vier Seiten. Keine Chance zu schlafen.

Später fand ich heraus, dass die gigantischen Lautsprechanlagen vor allem ein Ziel hatten: Man wollte das Kloster enteignen und die Kopten zum Aufgeben zwingen. Was mich eigentlich so richtig ärgerte. Kopten gelten de facto vielen in Ägypten als Menschen zweiter Klasse, als »Dhimmis«. So nannte und nennt man in Scharia geprägten Ländern »Schutzbedürftige«, die sich diesen Schutz früher oft hatten erkaufen müssen. Hier, an diesem Ort in Ägypten, wollte man die »Dhimmis« einfach nur loswerden, per Zeitschaltuhr und Lautsprecher. Ich war wirklich wütend! Meine Tante und unsere Gastgeber lachten sich dagegen krumm. Der zuständige Priester sagte zu mir: »Mein Sohn, wenn es nur das wäre. Es wäre schon schön, wenn die belangt würden, die uns bedrohen, schlagen und manchmal ermorden. Doch sie laufen frei herum.«

Das Massaker von Nag Hammadi

Immer wieder hörte ich in diesen Tagen von den Repressalien gegen die koptischen Christen, legitimiert durch die Scharia. Man kann es drehen und wenden wie man möchte, und es können noch so viele Gäste in deutschen Talkshows beteuern, wie demokratisch die Scharia sei: Sie ist es nicht. In Ägypten beispielsweise hat der »Schutzstatus« der »Dhimmis« Auflagen: So darf ein christlicher Mann keine Muslima heiraten, es sei denn, er konvertiert vorher zum Islam. Umgekehrt ist dies jedoch möglich. Ein Muslim kann jederzeit eine Christin heiraten. Mehr noch: Vergewaltigungen, Zwangskonversionen und andere Angriffe auf die Christen werden mit Verweis auf die Scharia begründet. Ich musste während meiner Reisen immer wieder feststellen, wie oft die Anwendung der Scharia den einen Menschen erhebt und den anderen degradiert. Wie Gräueltaten, und nicht nur die des Islamischen Staates, legitimiert werden.

In Ägypten erfuhr ich in diesen Tagen, was das bedeuten konnte. Am 7. Januar 2010 waren in Nag-Hammadi koptische Jugendliche attackiert worden, acht Menschen starben. Im Anschluss an das Verbrechen, bei dem auch ein Muslim sein Leben verlor, wurden zwei weitere koptische Frauen ermordet. Ich traf die Eltern der Opfer im Verborgenen, in einem kleinen Vorzimmer einer Kirche. Ich sprach mit ihnen, zeichnete die Interviews auf. Sie erzählten mir, wie ein salafistischer Prediger aus Saudi-Arabien vor der Tat immer wieder den Hass geschürt hatte.

Nach dem Interview kehrte ich zurück in meine Unterkunft. Ich war kaum zurück in meinem Zimmer und hatte meine Arbeit abgeschlossen, da verschafften sich zwei Polizeibeamte Zutritt und warfen mir vor, ein amerikanischer Spion zu sein. In weiser Voraussicht hatte ich mein Material, auf USB-Sticks kopiert, gut in der Innenseite meines Waschbeutels vernäht. Außerdem hatte ich mit solchen Komplikationen gerechnet und war deshalb ein paar Tage vorher mit meiner Tante in Kairo im deutschen Konsulat gewesen und hatte dem Konsul nach einem Gespräch unsere Zeitpläne und Koordinaten überlassen. Ruhig und gelassen erklärte ich also, dass ich deutscher Staatsbürger sei. Sie wollten wissen, weshalb ich denn nur Englisch spräche und kein Deutsch.

Ich muss zugeben, dass mich die Frage amüsierte. Als ob die Polizisten Deutsch verstanden hätten! Zum Beweis rief ich beim Konsulat an und fragte die Polizisten auf Deutsch, ob sie sich mit dem Büro des Konsuls unterhalten möchten. Sie entgegneten mir nur, dass ich nie mehr hierher zurückkommen solle. Ein amerikanischer Spion habe hier nichts zu suchen. Einige Wochen später übergab ich das aufgezeichnete Material an Stefan Meining, einen Journalisten von der ARD, der daraus die erste Reportage machte, an der ich nun indirekt ebenfalls beteiligt war. Der Film mit meinem Material wurde in dem ARD-Fernsehmagazin report München gesendet und schlug hohe Wellen. Er war der Auftakt zu zahlreichen Recherchen und ein Grund, weshalb Ägypten so entscheidend war für das, was mich prägen und bis heute antreiben sollte.

Einen Job, eine Jeans und einen iPod

Zum Abschluss meines Ägyptenabenteuers noch einmal zurück nach Kairo, zu einem Besuch bei den Pyramiden. Überall will man »Bakschisch«, also Bestechungsgeld, es macht mich wahnsinnig. Korruption ist einer der Gründe für die Vorboten des »Arabischen Frühlings«, der sich damals im November des Jahres 2011 bereits auf den völlig verstopften Straßen der ägyptischen Millionenstadt zu formieren beginnt. Spannung und Nervosität liegen in der Luft. Ich beobachte die jungen Menschen in den Cafés der Stadt. Junge Männer und Frauen scheinen auf etwas zu warten, die Internetcafés sind voll. Und selbst bei den Pyramiden treffen sich junge Menschen im Schutz der touristischen Wellen zu konspirativen Zusammenkünften. Während ich noch verärgert auf einer uralten Treppe vor einer der Pyramiden sitze, wütend, weil ich schon wieder ein paar Scheine weniger habe und dies nur, weil wir ein paar Fotos machen wollen, sehe ich eine Gruppe junger Frauen und Männer auf mich zukommen. Ich kann mir beim besten Willen nicht vorstellen, was sie von mir wollen. Mein Gesicht wirkt grimmig, ich habe mich seit Tagen nicht rasiert, und der Rest von mir lädt auch nicht gerade zum Gespräch ein. In Gedanken versunken und darüber entsetzt, dass Touristen einen Haufen Geld dafür bezahlen, um diesen uralten Berg quadratischer Steine zu betrachten, reißt mich ein sanftes »Hi« aus meiner dunklen Welt. Eine junge Frau mit Kopftuch steht neben mir. Im Schlepptau hatte sie mehrere junge Männer und Frauen. »Wir kommen aus Alexandria...«. Verdutzt und ein bisschen irritiert brauche ich ein paar Sekunden, um die Lage einzuschätzen; ich erzähle, ich käme aus Deutschland. Sofort fangen mehrere junge Frauen an, mich nach europäischen Fußballmannschaften zu fragen. Barcelona und der FC Bayern stehen ganz oben in der Gunst, aber auch deutsche Literatur und deutsche Ingenieurskunst. Wir tauschen uns ausgiebig aus, und zu meiner Verwunderung stehen die männlichen Begleiter einfach nur da. Dann bemerke ich, wie einer der eigentlich eher noch recht jung wirkenden Männer auf meine Tätowierung am rechten Arm blickt und das Mädchen plötzlich die Frage stellt, was diese zu bedeuten hätte. Ich erkläre ihr die Bedeutung des Drachenmusters, erzähle von meinen Reisen nach Asien und meiner Liebe für den Kampfsport. Nun sind die jungen Männer begeistert und einer, mit einem Säugling auf dem Arm, kommt auf mich zu. Er drückt mir das Baby in die Arme, einfach so, und stellt sich mit den anderen neben mich und lässt einen Freund mehrere Fotos von allen Seiten schießen.

Ich kann die Szene bis heute nicht einordnen. Und doch oder vielleicht deshalb beschäftigt sie mich bis heute: junge Menschen, beseelt davon, auszubrechen. Frei zu sein. Das wird mir in dem Moment klar, als sich die junge Frau, die mich anfangs angesprochen hat, von mir verabschieden will. Sie reicht mir die Hand, ich zögere. Mitten in Ägypten, in aller Öffentlichkeit und auch noch in Anwesenheit von Männern einer Sunnitin die Hand zu geben, das könnte problematisch werden. Ich habe Sorge, mehr um sie als um mich. Sie scheint mein Unbehagen zu spüren, ebenso wie ihre Begleiter. Die junge Ägypterin ergreift meine rechte Hand und schüttelt sie einfach. Sie sagt:»Weißt du, wir möchten doch auch nur einen Job, eine Jeans und einen iPod.« Ihre Begleiter lächeln.

Ich bin beeindruckt und verstehe, dass diese Jugendlichen einfach nur leben wollen wie wir auch. Sie haben Bedürfnisse, Wünsche, Träume und Hoffnungen. Monate später machen sich die Muslimbrüder diese Hoffnung und damit die Bewegung der Jugend zunutze, und dies leider mit Unterstützung des Westens. Eben jene Hoffnung, verbunden mit der Gewissheit, einen Job zu haben, die Freiheit, sich so zu kleiden, wie man möchte, und dem Gefühl, ein bisschen Wohlstand zu haben. Und seien es nur ein iPod, eine Jeans und ein Job.

»Woher nimmst du das Recht, für meinen Bruder Rache zu üben?«

Ich gebe das am besten sofort zu: Dieser Teil meines Buches ist nicht einfach für mich. 2011 und in den Jahren danach verbrachte ich viel Zeit im Irak und besonderes in der Ninive-Ebene in und um Mossul herum. Bereits damals war abzusehen, dass sich so etwas wie der Islamische Staat bilden würde. Die ersten Strukturen waren bereits sichtbar und seit dem Einmarsch der Amerikaner 2003 gerieten Christen, Jesiden, Kurden sowie gemäßigte Muslime zwischen die Fronten schiitischer und sunnitischer Extremisten. Nachdem die US-Amerikaner 2003 einen unverzeihlichen Fehler gemacht und nach der Entmachtung Saddam Husseins den gesamten Staatsapparat, also auch Polizei, Justiz und Militär, auf einen Schlag entlassen hatten, übernahmen die Schiiten die Macht im Land und waren von dem Wunsch getrieben, die Sunniten zurückzudrängen. Die US-Besatzer hielten es nicht für notwendig, die Sunniten, auf die vorher die Macht konzentriert gewesen war, ebenfalls am System teilhaben zu lassen. Schlussendlich wurden hohe sunnitische Militärmitglieder und ehemalige Angehörige des Geheimdienstes, die alle der Bath-Partei angehörten, in den Untergrund gedrängt. Die Bathisten gingen mit den sunnitischen Wahabiten, die zum Beispiel durch private Stiftungen aus Saudi-Arabien unterstützt werden, einen teuflischen Pakt ein und entfesselten einen asymmetrischen Terrorkrieg, dessen Auswirkungen in Form der Anschläge des IS auf der ganzen Welt zu spüren sind. Doch auch schon vor der Entstehung des IS wurden Christinnen mitten in Mossul entführt und vergewaltigt, Jesiden in ihren Dörfern massakriert, Kurden lebendig geschächtet und ganze Clans säkular orientierter Sunniten ausgelöscht. Was genau geschah, habe ich selbst gesehen, gehört, erfahren. Ich will aber nicht all diese Erfahrungen verschriftlichen. Es würde den Rahmen dieses Buches sprengen, und wahrscheinlich würde man irgendwann angewidert aufgeben und das Buch in die Ecke werfen, zu grausam wären die Details. Ich selbst würde das manchmal gerne tun, doch mein Gedächtnis ist kein Buch, das ich einfach wegwerfen oder auch nur zuklappen kann. Und manche Dinge müssen erzählt und gelesen werden, damit die Welt versteht, was dort geschah und noch geschieht.

Warum? Warum nur?

Ich kann mich nicht mehr genau daran erinnern, wie die Gegend aussah. Es war Herbst und ich hatte gerade die türkisch-irakische Grenze auf dem Landweg passiert und steuerte mit meinen Begleitern Duhok an. Das war das zweite Mal in diesem Jahr, dass ich den Landweg nutzte, nachdem ich zuvor Zeit in Südostanatolien verbracht hatte. Auf dem Weg in die Stadt gingen mir wieder unzählige Gedanken durch den Kopf, auch die Frage nach dem »Warum« meines Handelns. Meine Frau alleine zu Hause zu lassen, um die Welt retten zu wollen? Wirklich? Ich konnte nicht anders. Es tat mir so unendlich leid, weil ich wusste, dass Viktoria lieber mit ihrem Ehemann in den Urlaub gefahren wäre und ein normales Leben geführt hätte. Doch konnte ich nicht anders. Und trotz all der Entschlossenheit war ich nicht auf das vorbereitet, was auf mich zukam. Auf den Schmerz, der sich in diesen Wochen und Monaten tief in mich bohrte und den Bildern und Erzählungen aus der Vergangenheit ein schreckliches neues Gesicht gab.

In Duhok angekommen, einer Großstadt im Norden des Iraks, in der viele Menschen vor dem Terror in und um Mossul herum Zuflucht suchten, machte ich mich auf den Weg. Ein örtlicher Priester hatte mir ein Interview vermittelt und so traf ich mit einer dreiköpfigen Familie zusammen, die ursprünglich aus Mossul kam. Nachdem man den Sohn entführt, enthauptet und das Video der Familie hatte zukommen lassen, eine verbreitete Methode, um die in Mossul verbliebenen Christen in Angst und Schrecken zu versetzen, war Duhok die letzte Zuflucht für die drei gewesen. Den Eltern war nur noch die Tochter geblieben und ein Schmerz, der ewig währt.

Und so traf ich sie. Eine Mutter, eine alte Frau. Das Gesicht voller Falten. Die Haare ergraut. Der Gang gebeugt. Und die Augen. Diese Augen. Voller Traurigkeit. Müde vom Leid. Ertränkt in Tränen der Bitterkeit und zum Verdursten verdammt, weil sie des Weinens überdrüssig waren.

Sie blickten mich an. Musterten mich, beobachteten mich, nahmen Maß an mir. Tief durchdrangen sie mich. So tief, dass langsam, mit einem leichten Prickeln auf meiner Haut, sich ein nervöses, unbehagliches Gefühl ausbreitete. Es erfasste meinen ganzen Körper, und mein Verstand versuchte sich dagegen zu wehren, doch mein Herz ließ es nicht zu. Meine Beine wollten gehen, doch meine Seele war leer und gleichzeitig erfüllt von dem Blick der alten Frau, der Mutter, der nicht mehr von mir ließ. Der Blick, wie sie zusah, als ihrem Sohn mit einem scharf geschmiedeten Messer der Kopf vom Rumpf getrennt wurde. Der Blick, der davon berichtete, wie vermummte Gestalten unter »Gott ist groß«-Rufen langsam den kalten Stahl an den Nacken des Sohnes ansetzten, noch so jung.

Und dann fragte, sagte sie: »Warum, warum ... fragten sie ihn doch nur, ob er Christ sei. Fragten sie doch nicht, was für ein Christ er sei ... So enthaupteten sie den Christen des Christseins wegen und nicht, um ihm einen Namen zu geben. Nicht um ihn Assyrer oder Chaldäer zu nennen. Sondern seines Glaubens wegen.«

Mit diesem schmerzerfüllten und traurigen Blick kam die Mutter ohne Sohn auf mich zu. Legte ihre Hände um mich. Zunächst langsam und behutsam. Sanft und mütterlich, fast schon rührend und friedlich. Bis ... bis sie diese kleinen, von dünner und grauer Haut überzogenen Hände und Arme fester um mich presste. So fest, dass es mir den Atem nahm. So stark, wie es nur eine Mutter im Moment der Verzweiflung tun kann. Ich bekam keine Luft mehr, konnte nicht mehr atmen, wollte laufen, weit, weit weg. Doch die Mutter ließ mich nicht los, ich begann zu flehen: »Bitte, bitte lass mich los.« Ich flehte wirklich! Doch sie ließ mich nicht gehen. Entließ mich nicht aus der festen Umklammerung mit dieser unnatürlichen Kraft, die mich fast zur Verzweiflung brachte. Ich dagegen wollte mich nur befreien, und Panik drohte meinen Verstand zu lähmen.

Doch dann, als die Worte meine Lippen verließen, ihrem Kind eine Stimme zu geben, ließ sie meine Seele gehen. Sie ließ mich los aus dieser Umklammerung der Gefühle, wie sie nur eine Mutter fühlen kann. Auf einmal löste sie ihre Hände, wieder fast sanft und friedlich. Sie drehte sich um und ging, ich weiß nicht wohin. Ich fragte auch nicht, denn ich kannte ihr Ziel, das nun meines war: Ihr und ihren Kindern, und all denen, die nach ihnen kommen, egal, an was diese Mütter nun glauben, wollte ich eine Stimme geben. Und ihre Stimme sollte gehört werden. Denn das Wort ist mächtiger als das scharfe Schwert, das diese Mutter sohnlos gemacht hatte.

Leyla und der Krieg des IS

Die Frau ist das schwächste Glied in einer patriarchalischen Gesellschaft. Und zugleich die schärfste und effektivste Waffe, die man gegen das Patriarchat einsetzen kann. Die Degradierung der Frau, die nur dann wertgeschätzt wird, wenn sie ihrer Rolle als Tochter oder Mutter oder Frau entspricht, hat fatale Folgen für die gesamte Gesellschaft im Nahen Osten. Einhergehend mit der Tabuisierung der Sexualität, egal ob nun religiös durch die Scharia begründet oder kulturell legitimiert, sehen Konfliktparteien und männliche Patriarchen die Ehre der Sippschaft im Schoße der Frau verankert und koppeln den guten Namen des Stammes an ihr sexuelles Verhalten.

Das, was europäischen Frauen an Silvester 2016 in Köln erleiden mussten, ist der ständige Begleiter vieler Frauen im Nahen Osten, die durch ihr »augenscheinlich« provozierendes Verhalten gegen den Clankodex oder das islamische Gesetz verstoßen. Heute mag man sich über den Sklavenhandel des IS wundern. Doch frage ich mich, wo denn die kritischen Stimmen waren, als bereits zuvor Frauen, unter ihnen sehr viele Christinnen, Jesidinnen und Kurdinnen, mit unglaublicher Brutalität vergewaltigt und verstümmelt wurden. So erging es vielen Frauen, die ich traf. Und nicht nur Frauen. Am meisten schmerzte mich die Tatsache, dass bereits zehnjährige Mädchen entführt und an ein und demselben Tag mehrfach von verschiedenen Männern vergewaltigt wurden. Einigen von ihnen wurden danach, als »Mahnung«, die Schamlippen abgeschnitten. So wurden sie wieder nach Hause geschickt, zur Abschreckung ganzer Familien und ganzer christlicher Gemeinden, die sich dann sofort auf die Flucht machten. Wenn ich so einem Mädchen in die Augen blicken wollte, sah ich nur noch Dunkelheit und ein Kind, das für den Rest seines Lebens stumm sein würde. Mit einigen der Opfer konnte ich trotzdem Gespräche führen und meine Erkenntnisse erweitern, die mir in den darauffolgenden Jahren so hilfreich waren, um die Vorgehensweise patriarchalischer und von religiöser Dogmatik getriebener Extremisten besser begreifen zu können.

Besonders ein Gespräch ließ mich nicht mehr los. Ich traf Leyla (Name geändert) in einem Zimmer in Duhok. Sie sah mich an und zumindest die Tatsache, dass ich zu jener Zeit noch keinen Bart trug, wirkte beruhigend. Als ich sie darum bat, die Kamera aufbauen zu dürfen, zögerte sie zunächst. Ich konnte das nachvollziehen, schließlich kannte sie mich nicht. In diesem Moment waren nur ein Mann und eine Frau in einem weißen Raum. Er aus Europa, der vorher noch nie mit einer vergewaltigten Frau ein Interview geführt hatte. Sie, die alles Recht der Welt hat, alle Männer zu verfluchen. Trotzdem baute sich eine Art Vertrauen zwischen uns beiden auf. Sie blickte mir für Sekunden in die Augen, tief und erkundend. Nach etwas suchend und müde zugleich. Dann, nach einer Ewigkeit, hatte ich das Gefühl, dass sie Mut fasste. Mut, gepaart mit einer immensen Wut, die sofort im ganzen Raum zu spüren war und sie ihre kleinen Hände zu Fäusten ballen ließ. Sie erzählte von ihrer Tätigkeit als christliche Krankenschwester in einem Krankenhaus in Mossul. Den Schikanen, denen sie durch muslimische Männer ausgesetzt war, die sie als weibliche Christin als »Beute« und »haram« (»unrein«) betrachteten. Die Momente, in denen man sie bewusst berührte und ihr nachstellte. Die Worte, die sie quälten: dass Christen Kollaborateure der Amerikaner wären. Dass man mit den Christinnen machen könne, was man wolle, sie seien ja nicht viel wert. Eines Tages war Leyla alleine, wurde überfallen und vergewaltigt, sie konnte sich nicht wehren. Und selbst wenn sie es getan hätte, wer hätte ihr geholfen? Wer hätte die Schreie vernommen? Wer hätte ihr Aufmerksamkeit geschenkt? In Mossul, einer Stadt, in der bereits 2011 eine Art Scharia-Polizei durch die Straßen lief und ab und an Frauen entführte, um sie als Sexobjekt zu verkaufen, wäre niemand bereit gewesen, einer Christin, einer Jesidin, einer Kurdin oder selbst einer Muslima zu helfen, die gegen den Kodex der Scharia und des Clans verstoßen hatte.

Als Leyla mir all dies berichtete, zunächst langsam, dann in schnellen Worten, staute sich in mir Wut und Frustration an. Hass stieg in mir auf. Die Bilder gingen mir ständig durch den Kopf. Die Mutter, das kleine Mädchen, der enthauptete Sohn, Leyla, die vergewaltigt worden war, weil sie das ist, was sie ist: eine Frau, die nicht konvertieren wollte und lieber den sexuellen Missbrauch über sich ergehen ließ, als dem eigenen Glauben abzuschwören.

Nach einer halben Stunde schaltete ich die Kamera ab. Für Sekunden blickte ich Leyla, diese wunderschöne junge Frau, an und sah zu, wie ihr Körper wieder in eine Haltung verfiel, die pure Resignation war. Ich verließ den Raum. Meine Hände immer noch zu Fäusten geballt. Und mit einer Wut und einem Hass, den ich so noch nie gespürt hatte.

Mein Hass und meine erste Begegnung mit dem Frieden

Dieser Hass und diese Wut begleiten mich, als ich in der Ninive-Ebene, fünfunddreißig Kilometer nördlich von Mossul, zum uralten syrisch-orthodoxen Kloster »Mar Mattai« komme. Tausende Mönche, die ihre Wurzeln im Zweistromland Mesopotamiens (»Beth Nahrin«) und Persien haben, finden hier spirituelle Kraft und eine theologische Ausbildung. Gegründet durch den Priester Mar Mattai, einem Schüler des Klosters »Zouknin« in Diyarbakir (heutige Südosttürkei), der viel Wert auf die spirituelle Entwicklung des Glaubens in einer isolierten Umgebung legte.

Hier, innerhalb einer traumhaften Hügellandschaft, finden Mar Mattai und eine Gruppe anderer Mönche Zuflucht in einer Höhle und schöpfen aus dem Glauben die Kraft, den Grundstein für dieses Bollwerk des frühen Christentums zu errichten. Eine Burg des Glaubens, die auch jetzt wieder Flüchtlingen Zuflucht gewährt. Als wir 2011 zu Gast sind, zeigen uns der Bischof und die anwesenden Geistlichen Erinnerungen und Schätze des Klosters. Der Zentralrat Orientalischer Christen in Deutschland, dessen Vorsitzender ich nach der Gründung bin, hat in diesem Kloster seinen Ursprung.

Direkt nach meinem letzten Interview bin ich hierher an diesen 1600 Jahre alten Ort gefahren. Ich suche ein bisschen Ruhe und Frieden angesichts der Bilder, die mir die ganze Zeit durch den Kopf gehen. Auch jetzt, während ich diese Zeilen verfasse, bin ich mir der Tragweite des Erlebten und meiner daraus resultierenden Gefühle bewusst. Sie sind der Anlass, die Triebkraft und der Grund, weshalb ich dieses Buch schreibe und all die Dinge tat, die so viele Menschen in meiner Umgebung nicht begreifen konnten und teilweise immer noch nicht begreifen. Es sind diese Bilder, die mich nicht mehr loslassen, weil ich noch im Schlaf die Szenen der unzähligen Enthauptungsvideos sehe, in denen junge Männer kurz vor dem bestialischen Ende entweder mit entsetzten Augen oder völlig abwesend auf ihre Hinrichtung warten. Im Hintergrund die vermummten Peiniger. Bilder von Müttern, die nicht mehr fähig sind, um ihre Kinder zu trauern und mich bitten, der Welt davon zu berichten. All diese Erinnerungen, Emotionen, Gedanken, all diese Gespräche, all diese Eindrücke sind Bestandteil meines Wesens geworden. Sie haben sich in mein Gedächtnis eingebrannt und meinen Charakter für immer verändert.

Doch was mich noch mehr verändert, sind ein Priester und ein Gespräch in diesem Kloster. Bei diesem Gespräch erzähle ich dem Priester von meiner Wut, meinem Hass, meinen Rachegelüsten gegenüber diesen »Monstern«, die fähig waren, anderen Menschen solche Dinge anzutun. »Auge um Auge, Zahn um Zahn«, ich will Rache. Vater Josef, ein Priester mit sanftem und freundlichem Gemüt, der mich nach diesem Tag noch so oft in meinem Leben begleiten sollte, hört mir still zu. Er blickt mich an und lächelt nur. Ehrlich und unglaublich friedlich. Dann bittet er mich, aus dem Schrank in seinem Büro, wo wir uns getroffen hatten, eine Waffe zu nehmen, die ihm das Sicherheitspersonal des Klosters gegeben hatte. Danach sagt er: »Es ist leicht, damit umzugehen. Es ist leicht, damit Vergeltung zu üben« Und dann erzählt er von seinem Bruder. Der hat in Mossul gelebt und einen kleinen Laden gehabt. Bis eines Tages Islamisten vor seinem Geschäft stehen, eindringen, ihn herauszerren und auf offener Straße erschießen. Sein einziges »Vergehen«: Er war Christ. Vater Josef erzählt mir all das und fragt mich, ob ich denn auf eine ähnliche Art und Weise einen Verwandten verloren hätte. Ich blicke in die sanften und so friedlichen Augen dieses Mannes, der sich voll und ganz Gott verschrieben hat. Ich sehe auf den Boden und murmele irgendetwas. Doch Vater Josef will noch eines wissen: »Woher nimmst du das Recht, für meinen Bruder Rache zu üben?«

Diese Worte treffen mich hart. Sie durchbrechen mit einem Schlag die Mauer aus negativen Emotionen, die mich umgibt. »Er trägt Frieden im Herzen«, sage ich mir und: »Doch ich bin voller Hass.« Den gleichen Hass, den auch die Terroristen in sich tragen, als sie Josefs Bruder hinrichteten. Dieser Priester, dieser unscheinbare Mann, der hier in seinem uralten Kloster, nicht weit weg von Mossul hinter seinem voll beladenen Schreibtisch sitzt, lehrt mich in diesem Augenblick, was Verzeihen und Vergeben, was Friede und wahre Größe bedeuten. Während ich beschämt auf den Boden starre, erkenne ich, dass mein Hass mich ebenfalls zu einem Monster machen würde. Ich bin gerade dabei, dem Fanatismus den Weg zu ebnen, gespeist von Wut- und Rachegefühlen, den ich doch eigentlich so verachte und dem ich die Verantwortung für all das Leid gebe.

Im Glanze dieses wundervollen und sonnigen Tages wieder angekommen, blicke ich müde in die friedfertigen Augen dieses wunderbaren Menschen und ich weiß, dass ich niemals Frieden finden werde, wenn ich nicht anders mit den Erfahrungen umgehe. Wenn ich nicht meine Kraft und meinen Ehrgeiz dafür einsetze, den Dialog mit den Menschen und allen Religionen zu suchen.

Die Bilder sind immer noch fester Bestandteil meiner Erinnerungen. Viele weitere kamen all die Jahre, bis jetzt, hinzu. Doch der einsetzende Friede in meinem Herzen, gespeist von dem Dialog, den ich führe, lässt mich diese langsam akzeptieren. Der Priester lehrte mich, das Schwert niederzulegen, um aus diesem etwas Neues zu schmieden: das »Wort«.

Das Wort bedeutet »Barmherzigkeit« und »Liebe« – und so entstand dort in diesem Kloster, als ich begann, aus Wut und Hass aufzuwachen, die Idee des Zentralrates Orientalischer Christen in Deutschland. Wieder in Europa angekommen, fasste ich den Entschluss, meine Talente dafür einzusetzen, das Wort für die zu ergreifen, die keine Stimme haben.

Auf in ein mörderisches Land

Es war schwülheiß, als wir in Erbil ankamen. Wir, das waren ein Reporter des Bayerischen Rundfunks, Stefan Meinung, sein Team und ich. Ich hatte Stefan kurz nach meiner Rückkehr aus Ägypten kennengelernt; er hatte einige meiner Aufnahmen für einen Film über den »Arabischen Frühling« benutzt. Einige Monate später, Mitte 2012, hatte er mich angerufen und mir vorgeschlagen, eine Reportage über die Christen in Syrien zu drehen. Natürlich war ich von der Idee angetan, mir aber auch der immensen Gefahren bewusst gewesen. Im Norden Syriens hatte sich gerade eine neue Struktur gebildet, federführend dabei die Kurden. Die schiitische Hisbollah hatte sich, gestützt durch den Iran, ebenfalls ins Spiel gebracht. Sunnitische Stämme im Süden wiederum hatten sich auf einen langjährigen Konflikt vorbereitet, während die Türkei, meines Erachtens nach mit Wissen der Nato, die Grenzen offengehalten hatte, um Kämpfern aus dem Ausland, viele davon Extremisten, die Möglichkeit zu geben, sich am Konflikt zu beteiligen. So wiesen bereits Analysten der Plattform *IHS Markit* auf die Tatsache hin, dass über die Türkei extremistische Kämpfer nach Syrien vordrangen. Sie zeigten, dass bis 2014 zeitgleich bis zu 4.000 Konfliktparteien an den Kämpfen in Syrien beteiligt waren: kleine familiäre Kampfeinheiten, die von gut betuchten saudischen Privatleuten finanziert wurden, genauso wie eine mehrere tausend Mann starke Gruppierung. Dorthin hatte Stefan reisen wollen, illegal natürlich, anders wäre das gar nicht möglich gewesen. Ich war mir, wie gesagt, der Gefahren bewusst. Der Gefahren für Stefan und mich, aber auch der Gefahren für meine Ehe – und hatte schließlich zugestimmt. Deshalb standen wir nun in der Schwüle Erbils, der Hauptstadt der kurdischen Autonomieregion im Norden des Landes. Mit dabei Oskar, der für die Aufzeichnungen zuständig war. Ein zwei Meter großer Hüne, der ebenfalls für die ARD tätig war. Ich hatte ihn zum ersten Mal in Erbil am Flughafen getroffen und war geschockt gewesen, welch auffälliges Equipment er mitgebracht hatte. Damit erst eine mehrere Kilometer lange Strecke durch das irakisch-syrische Grenzgebiet zu durchqueren und später in einem Kriegsgebiet herumzuhantieren, das war grotesk. Schlichtweg grotesk. Doch Oskar ließ sich nicht beirren. Ich wiederum beschloss, von nun an nie mehr mit Journalisten zu reisen, die meine Anweisungen nicht komplett befolgten. Es ging mir nicht darum, recht zu haben. Sondern einfach um die Chance zu überleben. Denn am nächsten Tag sollten wir bereits von kurdischen Mittelsmännern abgeholt und illegal über die irakisch-syrische Grenze gebracht werden.

Syrien war damals bereits ein mörderisches Land, weil die NATO gelähmt war durch Interessenskonflikte der fünf ständigen Mitglieder im UN-Sicherheitsrat, also Russland, die Vereinigten Staaten, Frankreich, das Vereinigte Königreich und die Volksrepublik China. Hatte man bei der »Resolution 1973« in Libyen noch eine Flugverbotszone eingerichtet, so blockierten sich nun die Vetomächte. Viele Gespräche haben mir gezeigt, dass daran auch der Libyenkrieg schuld war; damals hatten sich Russland und China über den Tisch gezogen gefühlt, weil sie nicht an einen Regimewechsel gedacht hatten und von einer Flugverbotszone einzig zum Schutz der Bevölkerung ausgegangen waren. Nun war die NATO mehr oder weniger handlungsunfähig, während die EU den Ernst der Lage verkannte. Im Januar 2011 gab der deutsche Außenminister in einem Interview in der *Frankfurter Allgemeinen* zu verstehen, dass es aus seiner Sicht für Assad keine Zukunft gäbe. Damit meinte er implizit, wie so viele andere im Westen auch, die Abdankung des Diktators. Dieser Ansicht widersprach der damalige BND-Präsident Ernst Uhrlau. Er dämpfte die Hoffnungen des deutschen Außenministers mit den Worten: »Ich sehe nicht, dass es zu einem Regime-Change kommt.« Der deutsche Außenminister hätte also besser seinen Nachrichtendienst oder auch einfach nur einen Straßenjungen in Damaskus konsultiert, anstatt seinem Stab zu vertrauen. Mit Blick auf die UN Resolution in Libyen hätte man die Verhaltensweisen Russlands und Chinas besser einschätzen können. Nicht zu vergessen die Entschlossenheit des Irans, sich als regionale Macht einen Zugang zum Mittelmeer zu verschaffen.

Die Suryoye-Christen und andere Akteure in Syrien, wie zum Beispiel die Kurden im Norden des Landes, waren sich dagegen der Situation sehr wohl bewusst und fingen an, sich für einen langjährigen Krieg zu rüsten, der bis heute anhält. Einer der wichtigsten Männer dabei war ein Unteroffizier aus der Schweiz, ein Nachfahre der Christen aus der Region, der sein Leben in der Alpenrepublik verbracht hatte und mir andeutete, dass man nun damit beginnen werde, militärische Strukturen aufzubauen, um den letzten verbliebenen Christen eine Überlebenschance zu sichern. Sein Name: Johan Cosar. Ihn wollten wir treffen, um darüber zu berichten, weshalb ein Schweizer in den mörderischen Krieg zog. Warum er sein Leben aufs Spiel setzte für die Idee, dass alle Religionen, Ethnien und Kulturen ihren Platz in Syrien haben müssen. Warum er nicht aufgab, trotz der vielen Verluste, die er erleiden musste.

Der Schleuser und unser Weg
hinein nach Syrien

Der nächste Tag. Wir alle blickten ständig auf die Uhr. Wir wollten auf alle Fälle vor Sonnenuntergang die syrisch-irakische Grenze erreichen. Der Fahrer, der uns an die Grenze bringen sollte, hatte massive Verspätung. Nun, wir befanden uns schließlich im Nahen Osten. Deutsche Pünktlichkeit wird zwar den Deutschen hoch angerechnet, hat aber in Regionen, in denen der Tee zuckersüß ist und geschmeidig wie Honig, langsam und zeitintensiv den Gaumen erfreut, eben kaum Bedeutung. Zuerst trinkt man den Tee, debattiert, feilscht und kommt dann zum Schluss. Als unser Fahrer ungefähr drei Stunden später als vereinbart ankam und wir uns beschwerten, tat er dies achselzuckend mit den Worten ab: »Ich bin doch da, was wollt ihr denn!«

Die Fahrt zu unserem ersten Treffpunkt gestaltete sich sehr redeintensiv. Immer wieder hielt ich über mein Mobilfunkgerät Kontakt zu meiner Schnittstelle in Deutschland, um sicherzustellen, dass wir auch auf dem richtigen Weg waren. Wir fuhren durch ein Land, das aus Sicherheitsgründen mit Checkpoints zugepflastert war, an denen junge kurdische Männer, kaum dem Jugendalter entwachsen, nervös eine Waffe in der Hand hielten und sich fragten, was drei Deutsche in der Nähe der irakisch-syrischen Grenze zu suchen hatten. Erst am späten Nachmittag kamen wir am letzten Checkpoint an und der Grenzbeamte, ein junger kurdischer Soldat, zog gleich einmal unsere Pässe ein und bat uns, mit nicht ganz sicherer Stimme, die Waffe umklammernd, an der Seite anzuhalten. Oskar begann sich zu beschweren, was den jungen Beamten nur noch unsicherer machte. Die Aussicht, den ganzen Tag an der Grenze verbringen zu müssen, gefiel mir nicht sonderlich, und so bat ich den jungen Mann, mit mir persönlich zu sprechen. In seinem Grenzhaus ließ ich ihn zunächst ein Gespräch mit meinem Kontaktmann führen. Danach tranken wir Tee. Mir wurde erklärt, dass man zu unserer eigenen Sicherheit Kopien unserer Pässe anfertigen würde. Sollten wir nach einer bestimmten Zeit nicht wieder zurück sein, würde man die Behörden verständigen. Zum Abschluss schenkte ich nun meinem neuen Freund mein Schweizer Armeemesser, und wir machten uns auf den Weg ins Niemandsland.

Nach einem mehrere Kilometer andauernden Marsch, es war bereits früher Abend, wurden wir in ein Haus direkt an der Grenze gebracht. Um uns herum war fast nichts. Zur Begrüßung gab es, serviert von den Töchtern des Hauses, Tee und Früchte. Nach kurzer Zeit trat ein Mann ein, der auf den ersten Blick den »Aghas« in der Türkei in nichts nachstand. Aufrechter Gang, stolzer Blick, die Augen eines Adlers und ein Schnurrbart, der bei einem Schnurrbartwettbewerb im tiefsten Bayern den ersten Platz eingeheimst hätte. Hätte der stolze Familienvater noch Lederhosen angehabt, er wäre glatt als Bayer durchgegangen. Natürlich wusste ich, was nun auf uns zukommen würde. Wir wollten illegal über die Grenze, und er war der Schlüssel dazu. Es ging nur noch um den Preis, und so musterte der Herr des Hauses zunächst Stefan und Oskar und blickte zum Schluss mich an. Er konnte genug Englisch, um auf seine freundliche, aber direkte Art seine Wünsche zu äußern. Er schlug zunächst einmal 300 US-Dollar für das sichere Überqueren der Grenze vor. Das war mir natürlich zuviel, und so begann das obligatorische Feilschen. Am Ende einigten wir uns auf 150 Dollar und trafen die Vereinbarung, dass man uns eventuell auch auf dem gleichen Weg wieder zurückholen würde. Dafür sollten wir wieder

150 Dollar bezahlen, doch das wollte ich nicht. Unser Schleuser lächelte, zeigte dabei eine Zahnreihe vergoldeter Zähne, zeigte auf die vielen Kinder im Raum und sagte nur: »Hey, ich habe zehn Kinder, die ich ernähren muss ...«

Wenig später wagten wir uns hinaus in die Nacht und an die Grenze heran. Mit Oskars Equipment wurde der Marsch durch die Hügellandschaft zur Tortur, doch wir hatten Glück: Eine Gruppe junger kurdischer Kämpfer nahm uns auf ihrem LKW mit. In der Dunkelheit fuhren wir unserem nächsten Treffpunkt entgegen, und im Fahrzeug hatte ich Gelegenheit, mich auf Englisch mit einem der Männer über die »kurdische Sache« zu unterhalten. Mit einem Leuchten in den Augen erklärte er mir, dass alle Kurden, egal wie uneins sie sein mögen, und das sind sie wahrlich, für den nun bereits seit einhundert Jahren andauernden revolutionären Kampf und damit die Unabhängigkeit ihres Volkes in den Tod gehen würden. Der Ehrgeiz in seinen Worten ließ keine Zweifel an seiner Überzeugung zu. Nicht nur an seiner: Immer wieder erlebte ich diese Inbrunst der Kurden, wenn es darum ging, sich für das Recht einzusetzen, das Schicksal in die eigene Hand zu nehmen. Innerlich fragte ich mich, ob sie auch bereit wären, die gleichen Rechte anderen zuzugestehen, wie etwa den christlichen Suryoye im Norden des Iraks oder der arabischen und turkmenischen Minderheit. Die folgenden Jahre sollten das noch zeigen und ich kann heute sagen, dass ich positiv und negativ von den Entwicklungen überrascht wurde.

An unserem nächsten Treffpunkt angekommen, eigentlich müsste man sagen »Zwischenkoordinierungsstelle der kurdischen Kämpfer«, die sich über ein gigantisches Netzwerk versorgen, das allen Unterschlupf und Nahrung zukommen lässt, die auf dem Weg von A nach B sind, wurden wird herzlich empfangen. Von diesem Punkt unserer Reise an lag die Verantwortung für unsere Gesundheit und unser Projekt bei den kurdischen Einheiten, die uns gemäß des Clangesetzes zu schützen hatten. Dies wurde meinem Kontakt in Deutschland so zugesagt, daran würde man sich halten. Ich zweifelte nicht daran nicht. Ich bin selbst Mitglied eines Clans und kenne als der älteste Sohn der Familie die Regeln einer Gesellschaft, die sich strikt auf die Ehre der Familie beruft. Stefan dagegen wurde etwas unruhig, weil wir auf den nächsten Fahrer warten mussten und er Sorge hatte, dass wir es nicht rechtzeitig an unser Ziel, Qamishli, eine multiethnische Stadt im Norden Syriens, schaffen würden. Dann wären die ganzen Strapazen umsonst gewesen, und er käme mit leeren Händen zurück. Ich beruhigte ihn und versicherte, dass wir spätestens am nächsten Tag an unserem Ziel wären.

Kurze Zeit später verabschiedeten wir uns von der Familie und den Kindern und ich vergaß nicht, dem jüngsten Sohn, der die ganze Zeit mit meiner Militärtaschenlampe gespielt hatte, das Gerät zu überlassen. Es kam von Herzen, denn ich war zutiefst dankbar für die Gastfreundschaft, die die Familie uns erwiesen hatte, obwohl sie kaum etwas besaß. Doch nun begann unsere Fahrt.

Ungefähr sechzig Kilometer vor Qamishli hielten wir in einem Vorort an. Die Weiterfahrt wäre tagsüber wegen der vielen Straßensperren zu gefährlich gewesen. Zum dritten Mal an diesem Tag wurden wir von einer kurdischen Familie empfangen. Es stellte sich heraus, dass der Hausherr Deutsch konnte. Er war in den Achtzigern Ingenieur in Deutschland gewesen, hatte sich aber irgendwann entschieden, in seine alte Heimat zurückzukehren. Bald wurde es Mitternacht, und unsere Gastgeber bereiteten unser Nachtlager vor. Sie geleiteten uns in einen riesigen Raum, in dem mehrere Matratzen lagen. Oskar und Stefan waren verwundert über die Größe des Raumes und die Anzahl der Schlafplätze. Ich hatte bereits eine Ahnung und so unterließ ich es, meinen beiden Begleitern zu erklären, was eventuell später noch auf uns zukommen würde. Und tatsächlich: Wir waren kaum eingeschlafen, da ging auch schon die Tür auf. Im Dunkel der Nacht traten etwa zwanzig bis an die Zähne bewaffnete Männer ein, die kein Licht brauchten, um sich zurechtzufinden; sie grüßten uns, legten ihre Gewehre an die Wand und schliefen, anscheinend mindestens genauso erschöpft wie wir, sofort ein. Oskar fragte mich, wer diese Leute seien. »Das sind unsere Leibwächter.« Ich bin mir ziemlich sicher, dass es das erste Mal für beide war, in einem Raum voll bewaffneter kurdischer Kämpfer zu schlafen. Für mich war es nicht das erste Mal, und es folgten noch viele Male, in denen ich auf dem harten Steinboden neben Christen, Muslimen und Atheisten schlief, die irgendwann für einen Kampf ihr Leben ließen, der mir manchmal so sinnlos erschien und heute noch erscheint.

»Dein Kameramann ist verrückt!«

Pünktlich wie bei den preußischen Soldaten, als ob unsere bewaffneten Schlafgenossen die zeitliche Anspannung des Teams gespürt hätten, ging es früh morgens los. Zwischen uns und der Stadt Qamishli dürften eigentlich nicht mehr als 40 Kilometer gelegen haben. Doch 2012 befand sich die Region noch unter der Verwaltung des syrischen Regimes und wir mussten in Abstimmung mit verschiedenen Mittelsmännern immer wieder auf kleinere Straßen ausweichen und Checkpoints umfahren. In den Jahren danach, als kurdische, aber auch christliche und arabische Einheiten die Kontrolle übernahmen, sollte es einfacher werden, in die Region zu gelangen. Als der Krieg jedoch begann, waren zwei deutsche Journalisten und ein Deutscher, der Verwandte in Qamishli sowie eine militärische Ausbildung in Deutschland absolviert hatte, schon sehr verdächtig. Dazu wurden wir von kurdischen Milizen begleitet; man kann sich ausmalen, wie leicht man uns für Spione hätte halten können.

Umso erleichterter waren wir, als wir sicher und heil bei einem kurdischen Funktionär ankamen, mit dem wir das erste Interview führten. Von diesem Moment an übernahm übrigens eine kurdisch-assyrische Journalistin aus Deutschland, Bersim, eine sehr mutige Frau, die auch später beim Überfall des IS auf die Jesiden aus dem Irak heraus berichtete, die weitere Koordination. Auch mit ihr führten wir im Studio eines kurdischen Senders, der mehr illegal als legal aus dem Gebiet sendete, ein interessantes Interview über die Zukunft der Region. Das alles gehörte zu unserem Projekt, und Stefan war froh darüber, endlich Material im Kasten zu haben, Oskar darüber, mit der Kamera hantieren zu dürfen, und ich darüber, mich ein bisschen ausruhen zu können. Das alles ist mir noch gut in Erinnerung. Prägender aber war das Abendessen auf der Terrasse einer kurdischen Familie, die uns trotz der hohen Lebensmittelpreise mit Fleisch und frischen Früchten verköstigte. Die Frau gab den Ton an, gar kein Einzelfall in kurdischen Familien. Die zwei Söhne warten derweil brav, sie zeigten enormen Respekt vor uns, auch vor Bersim. Irgenwann setzte sich die Mutter zu mir, musterte mich und stellte eine Frage, die mich bis heute nicht mehr loslässt: »Meine zwei Söhne sind alles, was wir haben. Ich will nicht, dass sie in den Krieg ziehen. Beide möchten Ingenieure werden und gleichberechtigt studieren dürfen. Wir wollen unsere Menschenrechte wie alle anderen auch. Kannst Du das verstehen?« Ja, ich konnte das verstehen. Ich konnte verstehen, was diese moderne Frau, die auch für ihre Rechte als Frau kämpfte, mir sagen wollte. Und als meine Reisen sich häuften, konnte ich sie und noch viele andere noch besser verstehen.

Am späten Abend verabschiedeten wir uns; die Suryoye holten uns ab. Bei ihnen sollten wir übernachten, denn ein Hotel konnten wir als illegale Eindringlinge auf keinen Fall beziehen. Dort angekommen traf ich, zu meiner Überraschung einen weiteren Europäer. Oder besser gesagt, einen Schweizer Unteroffizier, der mich 2012 noch in Zivil gekleidet mit einem herrlichen Schweizer Akzent begrüßte. Damals konnte ich noch nicht ahnen, dass Matty, ein anderer christlicher Mitteleuropäer mit nahöstlichen Wurzeln, und im Besonderen Johan Cosar, eben der junge Unteroffizier, eine prägende und strategisch wichtige Rolle bei der Ausbildung einer christlichen Miliz und darüber hinaus spielen würden. Die Gründlichkeit, mit der diese ehemaligen Militärs junge Frauen und Männer ausbildeten, reichte aus, um dem IS und anderen extremistischen Gruppierungen, trotz der geringeren Mannstärke und schlechteren Bewaffnung, immens zu schaden. Später erfuhr ich, dass Cosars Männer die Topographie, die Nachtverhältnisse und die Witterungsbedingungen optimal nutzten, um taktische Siege zu erringen. Matti, unser christlicher Kontaktmann, ist mit mir über zwei Ecken verwandt. Das wusste ich. Doch erfuhr ich erst ein paar Jahre später, dass ich den jungen Cosar als Kind schon einmal in der Schweiz getroffen hatte. Ich erinnere mich jedoch nur vage an seinen Vater, der von einem der in der Region aktiven syrischen Geheimdienste entführt und ermordet wurde. In tiefer Stille, Matti war kurz weg, dachte ich nach. Mir war bewusst, dass er einen Grund hatte, hier zu sein. Und seine Anspielung auf meine körperliche Statur, die sich durchaus für einen militärischen Einsatz eignete, verbunden mit der zögernden Frage, was ich die nächsten Jahre vorhabe, ließ mich einiges erahnen.

Gegen sechs am Morgen wurden wir geweckt, natürlich wieder von einem Hahn. Trotzdem machten wir uns gut gelaunt auf den Weg zur Sonntagsmesse, um nun auch mehr über die Suryoye in dieser Region zu erfahren. Matti, Johan Cosar und weitere Begleiter waren bewaffnet, denn die Zeiten waren turbulent und im Minutentakt konnte sich die Situation verändern. Nach ein paar Metern, noch auf dem Weg zum Auto, zeigte einer unserer Begleiter auf ein Gebäude. In Westaramäisch, meiner Muttersprache, gab mir ein anderer Begleiter zu verstehen, dass es sich bei dem unauffälligen Haus um eine Niederlassung eines der Geheimdienste des Regimes handelte und wir uns möglichst unauffällig verhalten sollten. Stefan bat mich zu übersetzen. Kaum war ich fertig, erhob sich Oskar und steuerte auf das Gebäude zu. Auf den Schultern seine gigantische Betacam, mitten auf die Geheimdienstniederlassung gerichtet. Wir waren schockiert, ich sah alles wie in Zeitlupe. Sofort sprang einer unserer Begleiter auf mich zu und forderte mich in einem deutlichen Ton auf, Oskar in die Schranken zu weisen. Der aber entgegnete nur, dass er nur noch wenig brauche. Da schritt Matti ein. Er stellte sich vor uns und schnarrte: »Wenn ihr ihn nicht sofort aufhaltet, werde ich mich darum kümmern.« Wir hielten ihn auf.

Wir blieben noch weiter in Syrien, stets auf der Hut und unter immenser körperlicher und mentaler Anspannung. Schließlich machten wir uns auf den Weg zurück in den Irak, zu

Fuß, eine wenig frequentierten Straße entlang, bis wir eine kleine Tankstelle entdeckten. Hier erst fingen wir an, uns zu entspannen und ich rief Raneem, meinen chaldäischen Kontaktmann und Freund in der nordirakischen Stadt Duhok an, der uns abholen sollte. Die Zeit verging, und Raneem hatte Schwierigkeiten uns zu finden. Tatsächlich war das Risiko entführt zu werden, auffällig wie wir waren, nicht gering. Die Nervosität stieg weiter, erreichte aber erst ihren Zenit, als im Dunkel der Nacht plötzlich ein Pick-up an der Tankstelle hielt und zwei finster dreinblickende Männer uns eine Zeitlang beobachteten. Einer kam schließlich auf uns zu und fragte uns auf Englisch, was wir hier machen würden. Ich antwortete wahrheitsgemäß, dass wir auf unser Taxi warten würden und alles in Ordnung sei. Es stellte sich heraus, dass die zwei Männer der Sippschaft des »Aghas« mit den zehn Kindern angehörten. Der Fahrer des Pickups, der locker-lässig selbst spät in der Nacht eine Sonnenbrille trug, erinnerte mich daran, dass wir, wie abgemacht, für 150 Dollar über die Grenze zurück in den Irak könnten. Ich erwiderte ihm, dass dies nicht nötig sei und die Abmachung nur Gültigkeit besessen hätte, sofern wir uns noch in Syrien befunden hätten. Doch nun waren wir schon auf der irakischen Seite und die Abmachung hätte sich entsprechend im Nirwana des Clankodex aufgelöst. Stefan war so nervös, dass er die 150 Dollar auch so zahlen wollte. Doch konnte ich dies nicht zulassen, Clanregel war nun einmal Clanregel. Keine Leistung, kein Geld. Die beiden verabschiedeten sich also von uns, nicht ohne zu vergessen, uns vor Kriminellen zu warnen, die in der Gegend Journalisten entführen würden.

Wir hatten nun bereits mehrere Stunden an der Tankstelle im Nirgendwo gewartet und ich beobachtete, wie sich zwei ältere Herren und ein Jugendlicher vor dem Tankstellenshop auf drei Stühlen positionierten. Die beiden Männer tranken Tee und waren in landestypischen Gewändern arabischer Sunniten gekleidet, während der Junge eine Jeans und ein T-Shirt anhatte. Sie beobachteten uns. Und während sie das taten, langsam und Schluck für Schluck ihren bestimmt zuckersüßen Tee genießend, wurden wir alle langsam nervöser. Stefan und Oskar hatten die berechtigte Sorge, dass man uns entführen könnte. Stefan bat mich noch einmal, Raneem zu kontaktieren. Doch ich zögerte und wollte ihm nicht noch weiter auf die Nerven gehen, da er bereits auf der Suche nach uns war. Auf einmal stand der junge Mann auf und kam auf uns zu. In seiner Hand: ein Korb. Meine Begleiter waren skeptisch und wir alle reagierten zunächst zögerlich. Der Junge zeigte auf seinen Onkel und seinen Vater auf den Stühlen auf der anderen Seite, öffnete den Korb, aus dem leckere Speisen zum Vorschein kamen und fragte auf Englisch, ob wir denn Hunger hätten. Gefolgt von der Erklärung, dass er und seine Familie uns nun seit einer Weile beobachtet hätten. In diesem Moment fiel eine Last von uns allen ab, und der Tisch wurde gedeckt. Gemeinsam mit der arabisch-sunnitischen Familie nahmen wir ein köstliches Abendessen ein, und als wir fertig waren, mit dem obligatorischen Tee als Abschluss, sahen wir auch schon Raneem mit seinem weißen Honda auf uns zukommen, der uns sicher in unser Hotel nach Duhok brachte. Die Gastfreundschaft schien selbst im Krieg nicht ausgestorben zu sein. Für mich ein Beispiel, dass die Menschlichkeit selbst hier nicht einfach aufhörte, dass sogar in der Hölle des Iraks und Syriens Menschen Menschen blieben. Und dass das für mich eine wichtige Mahnung und Warnung auf meiner Suche war.

Der dümmste Schmuggler der Welt

Duhok liegt nördlich von Mossul und westlich von Erbil. Nicht weit entfernt von der türkischen Grenze ist diese 500.000 Bewohner zählende Stadt zu einem prosperierenden Handelszentrum geworden, eingebettet in einer hügeligen Landschaft, in der Kurden, Assyrer, Chaldäer, Jesiden, Araber und andere Gruppen es zu einem gewissen Wohlstand gebracht haben. Viele Flüchtlinge hat es in die einigermaßen sichere Stadt gezogen. Als der IS im Jahr 2014 Mossul stürmte, war Duhok neben Erbil für die Christen eine der wichtigsten Anlaufstellen. Raneem, mein treuer chaldäischer Freund aus früheren Tagen, der Jahre später nach Australien auswandern sollte, brachte uns damals im Jahr 2012 zur türkischen Grenze. Hier sollte nun der eher angenehme Teil der Reise beginnen. Denn wir planten noch eine kurze Stippvisite in den Tur Abdin, meinem Geburtsort und dem früheren Sitz der Syrisch-Orthodoxen Kirche. Wir mussten nur noch die Grenze überschreiten und wären dann in der Türkei mitten in einer Gegend, die 2012 noch sicher war. Ende 2015, als ich das letzte Mal dort war, war die Region zum militärischen Sperrgebiet erklärt worden, in dem der Konflikt mit den Kurden tobte.

Um über die Grenze zu kommen, muss man, sofern nicht ein eigenes Fahrzeug vorhanden ist, einen speziellen Taxiservice nutzen. Jeder Taxifahrer hat von der Türkei die Sondergenehmigung, Personen über die Grenze zu befördern und der Preis pro Person ist festgelegt. Die Sondertaxis können auch nicht zu jeder Zeit die Grenze zur Türkei passieren. Meines Wissens wurde das System aus zwei Gründen eingeführt: Erstens der Sicherheit wegen, denn jedes dieser Taxis wird gesondert und streng kontrolliert. Und zweitens schlicht und einfach, um den immensen Schmuggel, der durch den regen Grenzverkehr entstanden war, einzudämmen. Und damit begann ein Abenteuer, an das Stefan, ich und aller Wahrscheinlichkeit nach auch Oskar, den ich nie wieder sehen sollte, uns auf ewig erinnern werden.

Wir hatten schnell einen Taxifahrer gefunden, der uns befördern wollte. Kein Wunder: Wir waren die einzigen Touris weit und breit, die, abgesehen von Oskars riesiger Kamera – die beiden hatten fast schon eine Liebesbeziehung – kein weiteres Gepäck dabei hatten. Der Taxifahrer war also begeistert und verschwand kurz. Ich kontaktierte meinen Cousin auf der türkischen Seite, unseren neuen Shuttle-Service und persönlichen Fahrer, der uns von dort bis nach Antakya begleiten würde, von wo aus unser Abflug nach Deutschland einige Tage später erfolgen sollte. Josef, mein Cousin tausendsten Grades – in der Region sind alle, die miteinander irgendwie verwandt sind, Cousins, Cousinen, Onkel, Tanten ... – meinte, er brauche noch ein paar Stunden bis zur Grenze. Also warteten wir gemütlich, bis unser Fahrer, nun mit einem richtig freudestrahlenden Lächeln, zurückkehrte. Dem Mann musste es an diesem Tag wirklich gut gehen, und die Sonne schien auch noch. Also fuhren wir alle fröhlich Richtung Zoll, wo unsere Fahrt mit der Bitte auszusteigen auch schon endete. Das Auto sollte gefilzt werden, Reaktion auf den gigantischen Benzinschmuggel an der Grenze zwischen dem Irak und der Türkei. Treibstoff kostet im Irak nur einen Bruchteil dessen, was man auf türkischer Seite bezahlt; dort ist das Preisniveau fast europäisch. Jedenfalls blickte der Zollbeamte den Fahrer nur an, wechselte kein Wort mit ihm und zeigte auf die Hebebühne. Wir drei standen einfach daneben – unsere Pässe wurden noch nicht einmal kontrolliert – und wunderten uns. Als das Fahrzeug einige Meter mit der hydraulischen Hebebühne in die Höhe gehoben wurde, sammelten sich plötzlich am Boden Tropfen eines Gemisches, das definitiv kein Wasser war. Unser Fahrer stand vor der Werkstatt, neben dem Grenzbeamten, rauchte eine Zigarette und tat seelenruhig so, als wäre es der normalste Tag der Welt. Der Grenzbeamte tippte kurz mit dem Finger in die sich ansammelnde Pfütze unter dem Fahrzeug, roch an der Flüssigkeit und zeigte uns seinen Finger mit dem öligen Geschmier, das noch auf der Fingerkuppe haftete. Es folgte eine weitere Anhebung des Fahrzeuges. Und siehe da: Der Taxifahrer hatte darunter mehrere Metallbehälter angebracht, die mit schlecht riechendem Benzin gefüllt waren und über die Grenze sollten – und wir waren das Ticket für den Übergang, was auch die immense Freude des Fahrers erklärte. Wir allen staunten nicht schlecht, außer unser Schmuggler, der vom Zollbeamten darauf angesprochen, wieder eine Zigarette rauchte, in den Himmel starrte und meinte, dass er keine Behälter und keine Schmuggelware sehe. Selbst wir hatten diese Geste verstanden, und so brachen der Zollbeamte und wir alle in Gelächter aus. Dann wurden wir samt Fahrzeug zu einer Art Kaffeehaus geschickt. Als wir dort ankamen, wussten wir zunächst nicht, was wir machen sollten, und unser qualmender semiprofessioneller Schmuggler meinte nur, er müsse kurz weg und wir sollten uns einen Kaffee bestellen. Und so warteten wir; und warteten und warteten und warteten. Irgendwann hatte ich keine Lust mehr, mein Cousin war schon fast auf der anderen Seite, und ich machte mich auf die Suche nach dem Kerl, der unser gesamtes Gepäck in seinem Taxi hatte. Ich fand ihn in einem Gebetsraum, ruhig vor sich hindösend. Der Kerl hatte es sich doch tatsächlich auf dem Gebetsteppich gemütlich gemacht und wartete. Nur worauf?

Ich scheuchte den guten Mann auf, drängte ihn, den Kofferraum zu öffnen, und wir packten unsere Sachen und liefen die letzten paar hundert Meter über die Grenze, wo uns der Zollbeamte auch schon schelmisch grinsend empfing und ohne große Kontrolle passieren ließ. Auf der anderen Seite wartete bereits Josef. Wir waren endlich wieder auf komplett sicherem Boden.

»Daheim machen wir das nicht«

Josef fuhr mit uns quer durch das wilde Kurdistan Karl Mays, in diesem Fall das mehrheitlich von Kurden bevölkerte Gebiet auf der türkischen Seite, das für die Suryani das angestammte Siedlungsgebiet ihrer Urahnen ist. Im Zentrum liegt das Tur Abdin-Gebirge, was auf Aramäisch so viel wie »Berg der Knechte Gottes« bedeutet, eine Hochebene mit vielen Tälern und Hängen. Hier hatte die Syrisch-Orthodoxe Kirche vormals ihr Zentrum. Die Eigenbezeichnung »Suryoye«, die dem Nachbarland Syrien den Namen gab, umfasst auch andere christliche, ethnische und religiöse Zweige wie die Aramäer (Westritus), die Assyrer (Ostritus), die Chaldäer (Ostritus und mit Rom uniert); außerdem die Melkiten (byzantinisch) und Maroniten (Westritus und mit Rom uniert). Im Tur Abdin kann man heute noch auf eine jahrtausendealte Kirchengeschichte zurückblicken, die mit den uralten Klöstern und Kirchen spirituell verbunden ist. Hier war ich nicht nur auf die Welt gekommen. Hier ist auch mein spirituelles Zentrum, heute mehr denn je.

Nach einer kurzen Mahlzeit in Josefs Dorf – es gab Melone und Hirtenkäse – machten wir uns auf den Weg in das an der syrischen Grenze gelegene Kloster Zafaran, um mit dem zuständigen Abt ein Interview zu führen. Bischof Saliba sah bereits damals eine konkrete Gefahr auf die Christen in Syrien zukommen und er bereitete die Klosteranlage indirekt auf einen Flüchtlingsstrom vor. Dass die Vorbereitungen begründet waren, sollte sich wenige Monate später zeigen, als die syrische Bürgerkriegshölle erst richtig losbrach. Da Alawiten und Christen oft Schwierigkeiten hatten, in sunnitischen Flüchtlingsbehausungen ungefährdet unterzukommen, mussten die Kirchen und Klöster auf der türkischen Seite einspringen. Sie taten dies auch, waren aber zeitweise heillos überfüllt.

Nach dem Interview machten wir uns auf zur etwa 550 Kilometer entfernten Stadt Antakya, Zentrum des früheren Antiochien. Die Gegend war immer ein Schmelztiegel der Kulturen und Religionen gewesen. Die ersten christlichen Gemeinden entstanden hier, unter anderem gibt es die St.-Petrus-Grotte, offiziell die älteste Kirche der Welt, oder auch eine vom heiligen Lukas gegründete Höhlenkirche. Antakya ist ein Ort, den ich später noch öfters besuchte und weiterhin besuchen werde, weil er für mich die perfekte Blaupause im Zusammenspiel von Religionen und Kulturen bildet. An diesem Tag hatten wir allerdings wenig Zeit für Spirituelles, wir rasten stattdessen wie die Verrückten über die gut ausgebauten Straßen. Ich saß neben meinem Cousin und wir unterhielten uns über die positiven Veränderungen in der Türkei, die neue Infrastruktur, den erhöhten Lebensstandard, Krankenversicherungen und dem endlich einsetzenden Frieden mit den Kurden. Währenddessen nahmen wir beide immer wieder einen Schluck Wasser zu uns. Schließlich trank Josef eine Flasche fast bis zur Hälfte aus und warf sie aus dem Fenster, nicht auf die Straße, sondern auf das Feld daneben. Die Plastikflasche war noch gar nicht aufgekommen, da schrie jemand von hinten »Stopp!«. Der Wagen machte eine Vollbremsung, Reifen quietschten, es stank nach Gummi. Wir standen noch gar nicht richtig, da riss Oskar die Türe auf, rannte zu der Flasche, die mein Cousin mit so viel Schwung aus dem Fenster geworfen hatte, hob sie auf, kam seelenruhig zurück und warf sie durch das Fenster auf den Beifahrersitz. Leider landete das Stück Plastik genau auf Josefs Schoß. Der Inhalt ergoss sich über seine Hose, komplett; und nun hatten wir ein Problem.

Mein Cousin drehte langsam, sehr langsam den Kopf zu mir. Seine Augen waren zu Schlitzen zusammengezogen. Sein Kopf lief rot an. Ich blickte meinen Cousin an und bat Gott inständig darum, die Lage nicht eskalieren zu lassen. Ich sprach ganz ruhig, versuchte, ihn zum Weiterfahren zu bewegen.

Ein paar Sekunden später, als wir bereits unterwegs waren, hörten wir von hinten Oskars Stimme: »Daheim machen wir das nicht. Dort haben wir Mülleimer.« Ich ersparte mir die Übersetzung seiner Worte. Ansonsten hätte ich es riskiert, im nächsten Moment einen Passagier weniger im Auto sitzen zu haben.

In Antakya angekommen, wo Oskar tatsächlich persönlich, vor Josefs Augen, die Flasche entsorgte, erklärte mir dieser, dass Fahrer absichtlich halbvolle Flaschen ins Feld werfen, weil Schafhirten, meistens arme Bauernjungen, diese am Straßenrand aufsammelten und sowohl das Wasser tranken als auch die Flasche verwerteten. Oskar hatte, wie ich auch, keine Ahnung davon. Warum ich das erzähle? Als kleines Beispiel dafür, wie borniert wir Westler uns teilweise benehmen und welche Probleme wir damit schaffen. Wir dringen in eine fremde Kultur ein und wollen den Menschen unsere Standards, unsere Vorstellungen aufzwingen, ohne überhaupt zu verstehen, was hinter manchen Überzeugungen und Traditionen steckt. Das mag im Fall der Plasikflasche harmlos aussehen – wobei die Situation alles andere als harmlos war – und nicht weiter von Belang. Doch es ist eine Chiffre dafür, was durch Ignoranz und mangelndes Interesse geschehen kann und was oft geschieht.

Wölfe unter Schafen?

In Antakya angekommen quartierten wir uns im Barbarahaus ein. Das Barbarahaus ist ein katholisches Begegnungszentrum mit Zimmern und vielen anderen Annehmlichkeiten, mitten in der wunderschönen Altstadt gelegen, einfach und doch komfortabel. Jedem zu empfehlen, der ein paar Tage in Antakya verbringen möchte. Am nächsten Tag machten wir uns nochmals auf den Weg Richtung syrische Grenze, weil wir sehen wollten, wer in den Flüchtlingsbehausungen Schutz suchte. Uns war zu Ohren gekommen, was sich später bewahrheiten sollte, dass sich Islamisten aus aller Herren Länder nicht nur in der Stadt befanden und die mehrheitlich alawitischen Bewohner unter Druck setzten. Es machte auch das Gerücht die Runde, dass das örtliche Krankenhaus gezwungen werde, syrische Rebellen, unter ihnen Dschihadisten, zu behandeln.

An der türkisch-syrischen Grenze angekommen fanden wir gleich neben dem Grenzübergang ein Flüchtlingslager. Josef und ich gingen voran, um die Situation auszukundschaften. Da wir beide vom Aussehen her als Araber durchgehen könnten, fielen wir auch nicht weiter auf. Außerdem unterhielten wir uns auf Aramäisch, was dem Arabischen sehr ähnlich ist. Wir trafen schließlich auf zwei junge Männer, nach arabischer Sitte gekleidet und mit langem Bart. Beide zogen einen Koffer hinter sich her. Ihnen fiel auf, dass wir das Gebäude vor uns beobachteten. Die beiden »Bärtigen«, wie Islamisten in der Gegend auch genannt werden, kamen auf uns zu, grüßten uns auf Arabisch und Josef, der perfekt Arabisch spricht, erwiderte den Gruß. Auf die Frage, was wir hier machen würden, antwortete Josef wahrheitsgemäß, dass wir vom Fernsehen seien. Er sagte aber nicht, von welchem Sender. Das war der Auslöser für ein interessantes Gespräch, in der uns die beiden erzählten, dass sie eigentlich gar keine Flüchtlinge seien. Der eine käme aus Algerien und der andere aus Ägypten und sie verrieten uns, sie würden sich tagsüber im Lager verstecken und nachts auf Seiten irgendwelcher Gruppierungen kämpfen. Später stellte ich fest, dass reiche Geschäftsleute aus dem wahabitischen Raum Bargeld in Säcken über die Grenze schafften und sich dafür ihre eigenen Bataillone für ein Jahr zusammenkauften. Die beiden verrieten noch mehr, schließlich hielten sie uns für Mitarbeiter des katarischen Fernsehsenders Al-Jazeera, der hier hohes Ansehen genoss. Wir hätten noch gerne mehr gehört. Doch unerwartet tauchten im Hintergrund Stefan und Oskar auf. Sie hatten von unserer Unterhaltung nichts mitbekommen und sprachen mich auf Deutsch an. Unsere zufällige Tarnung war aufgeflogen und die beiden »Bärtigen« waren verdammt wütend. Aus dem Lager begann jemand auf Englisch zu schreien, wir sollten abhauen. Unsere beiden vorherigen Gesprächspartner schrieen: »Ihr seid nicht von Al Jazeera, haut ab!« Und wir hauten ab – doch ich sollte bald zurückkehren.

Unterwegs im Libanon und der Blick nach Europa

2013 befand ich mich mit Stefan Meining vom Bayerischen Rundfunk und Ahmet Senyurt, einem Fernsehautor und Terrorismusexperten, im Libanon. Auf Stefan und Ahmet sollte ich noch öfter treffen und ich schätze die Professionalität der beiden Medienmacher sehr. Unsere Konstellation wurde von gemeinsamen Sorgen getragen, die sich mit der Zeit immer weiter verfestigten. Wir alle betrachteten viele Entwicklungen in Deutschland, besonders wenn es um die Sicherheitslage geht, mit einer gewissen Skepsis. Einig waren wir uns darin, so unterschiedlich die politischen Ansichten auch sein mochten, dass es bei Fragen der Sicherheit, der freiheitlichen Ordnung und der Demokratie im Allgemeinen keine Kompromisse geben darf. Darüber hinaus haben sich beide den Respekt nahöstlicher Clans verschafft. Vielen westlichen Journalisten ist nicht bewusst, dass von der strikten Einhaltung der Vereinbarungen, so unscheinbar das auch für den Westler klingen mag, oft das eigene Leben abhängt. Und damit auch die Sicherheit und der Ruf der eigenen Sippe. Was auch mir die Arbeit mit ihnen immens erleichtert, weil ich nicht immer wieder automatisch mit meinem Namen und der Ehre meiner Familie für beide bürgen muss. Sie haben, so die Sichtweise innerhalb des Clankodex, für ihr Handeln und den ehrlichen Umgang mit den Partnern Respekt verdient.

In den folgenden Jahren war ich viel mit ihnen unterwegs, um sie logistisch zu unterstützen und Kontakte zu vermitteln. Darüber hinaus beobachtete ich die beiden sehr gerne bei ihren teils hochintellektuellen Debatten, die sie mitten in den Kriegsregionen miteinander führten. Ein Mitteleuropäer hätte ihre Gespräche vielleicht als hitziges Wortgefecht aufgefasst. Der nahöstliche Betrachter holt sich bei solchen Streitgesprächen nur einen billigen Plastikhocker, setzt sich in den Schatten irgendeines Baumes, versüßt sich den Tag mit einem Tee und lässt sich von den beiden grandios unterhalten.

In Beirut organisierte ich für sie mehrere Treffen mit Flüchtlingen, Geistlichen, Politikern und – das wird sich wahrscheinlich für den Rest meines Lebens fest in die öffentliche Wahrnehmung meiner Person einbrennen – ein Treffen mit der schiitischen Hisbollah. Auf das Treffen folgte ein Besuch im schiitischen Viertel, wo sunnitische Extremisten kurz zuvor einen Terroranschlag mit mehreren Toten verübt hatten.

Dass sich, wie in der späteren Reportage zu sehen, die Hisbollah auch zum Schutze der Christen in Syrien einbrachte, war für deutsche Zuschauer verblüffend. Manch einen wird es schockiert haben. Doch gerade in dieser Zeit habe ich viel darüber gelernt, dass das, was nach außen propagiert wird und die Realität, die sich hinter diplomatischen Türen abspielt, häufig zwei Paar Schuhe sind. Definitiv kann man sagen, dass mein Besuch bei der in Deutschland als Terrororganisation eingestuften Hisbollah Einfluss auf meine weiteren Reiseaktivitäten im Nahen Osten hatte und mir natürlich auch Kritik und später einmal in Israel sogar große Probleme einbringen sollte.

Neben den politischen Terminen ging es auch um die Situation der Flüchtlinge im Libanon. Einige Monate zuvor gewährte das Innenministerium in Berlin dem *Zentralrat*

Orientalischer Christen, dessen Vorsitzender ich damals war, die Möglichkeit, über ein Sonderkontingent ein paar Hundert Flüchtlinge nach Deutschland zu holen. Als ich die Mitarbeiter des Innenministeriums fragte, nach welchen Kriterien ich auswählen sollte, lautete die Antwort nur: »Diese Entscheidung können wir Ihnen nicht abnehmen. Entscheiden Sie nach menschlichen Maßstäben.«

Noch heute erinnere mich gut daran, wie allein und einsam ich mich in dieser Situation fühlte. Ich verstand die Tragweite der gerade ausgesprochenen Worte nur zu gut. Eine Entscheidung zu treffen, die Einfluss auf Leben und Tod hat, zerrt an der Seele eines Menschen. Letztendlich musste ich versuchen, so gut es ging der Rationalität und der Vernunft zu vertrauen. Was hatte ich sonst auch für eine andere Wahl?

Fest stand: Gerade alleinstehende Mütter mit Kindern hatten die Härte des Krieges zu spüren bekommen. Dennoch war es mir wichtig, das Leid aller Flüchtlinge zu verstehen, bevor ich nach moralischen Kriterien, die ich mir selbst zurechtgelegt hatte, eine Entscheidung traf. Die Entscheidung darüber, wer auf sicherem Wege nach Deutschland ausreisen darf, um dort ein Leben in Sicherheit zu führen. Es konnten nicht mehr als ein paar Hundert sein. Und die Entscheidung darüber, wer sich besser einen anderen Fluchtweg sucht. Das würden Zehntausende sein.

Vielleicht habe ich es mir zu einfach gemacht, indem ich vor meinem inneren Auge eine Tabelle aufstellte und mit einer Art Algorithmus berechnete, wem wir eventuell helfen konnten:

1. Mutter, zwei Kleinkinder – Überlebenschance 10 % – Kommt mit.

2. Mutter mit älterem Sohn – Überlebenschance 50 % – Sohn kann für die Mutter sorgen.

3. Junger Mann – Überlebenschance 80 %, wenn er im Libanon bleibt. Überlebenschance in Syrien gering, wenn er sich geweigert hatte, sich den Rebellen anzuschließen oder am Krieg teilzunehmen – Kommt definitiv nicht mit.

Das ist nun vier Jahre her ...

Dabei kann ich dieses eine prägende Gespräch mit Aida nicht vergessen.

Aida war 40 und Mutter von drei Töchtern: 6, 13 und 16 Jahre alt. Sie war mit ihrem Mann Abgar aus der nordöstlichen Stadt Qamishli in Syrien geflohen. Die Grundschullehrerin gehörte der syrisch-orthodoxen Kirche an und war fest in ihrem Glauben verwurzelt. Auf die Frage, weshalb sie und ihr Mann aus Syrien geflohen seien, stellte sie mir die Frage, ob ich den wüsste, was mit ihren Töchtern passieren würde, wenn Dschihadisten sie in die Hände bekämen ...

Ich zögerte ein bisschen und fühlte mich an Gespräche erinnert, die ich im Irak mit jungen Frauen geführt hatte. Ja, ich wusste sehr gut, was mit ihnen passieren würde. Beim Blick in die unschuldigen Gesichter der drei Töchter verstand ich sofort, was Aida meinte, als sie sagte: »Ich wünsche ihnen eher eine schnelle Erlösung, als dass sie in die Hände der Dämonen fallen, die sich anmaßen, darüber zu richten, ob jemand ein Mensch ist und damit würdig zu leben, oder aber eine Sache, mit der man dann machen kann, was man will.«

Aidas furchtbare Ängste teilen weltweit viele Mütter aus unterschiedlichen Religionen, Ethnien und Kulturen. Für die Barbaren, die ihren Opfern das Menschsein absprechen, gibt es nur Schwarz und Weiß, Freunde und Feinde. Und ihre Feinde verdienen in ihren Augen nur die Vergewaltigung, die Verstümmelung oder – im besten Fall – den Tod durch schnelles Enthaupten.

Manchmal erwachen die Erinnerungen nachts zum Leben

und ich sehe die Kinder auf der Straße, wie sie vor mir spielen. Ich sehe sie durch einen diffusen dunklen Schleier, der ihre kleinen Körper verhüllt und meine Seele in die Dunkelheit stürzt.

Trügerischer Frieden und grenzenlose Verzweiflung

Der Libanon hat eine Fläche von knapp über 10.500 km² mit ca. 4,5 Millionen Einwohnern. Also gerade mal die halbe Größe Hessens. Neben diesen 4,5 Millionen Staatsbürgern halten sich im Libanon, wenn man die Schätzungen der Behörden zugrunde legt, noch ca. 1 Million Flüchtlinge auf. Mit den Illegalen dürften es an die 1,5 Millionen sein. Ein Blick auf die Geschichten und die Herkunft der Flüchtlinge gleicht einem Blick in ein Geschichtsbuch, das die Flüchtlingswellen in Folge der andauernden Kriege im Nahen Osten konserviert und für die Nachwelt aufbewahrt hat. Im Süden des Landes sind die palästinensischen Flüchtlinge zu finden, die bereits seit Jahrzehnten in ihren Zeltbehausungen ausharren. Nach dem zweiten Irakkrieg flohen die irakischen Flüchtlinge in den Libanon. Und nun kommen die syrischen Flüchtlinge, mit all ihren Problemen und inzwischen auch konfessionellen Konflikten hinzu.

Es grenzt an ein Wunder, dass es im Libanon unter dem Druck der Flüchtlinge bisher noch zu keiner Katastrophe gekommen ist. Denn das Land könnte in einen gefährlichen Strudel geraten, der durch den Konflikt in Syrien jetzt noch massiv verstärkt werden könnte. Schon längst bilden einzelne Gruppierungen im Libanon einen Staat im Staat. Das sensible Gleichgewicht zwischen Schiiten, Sunniten und

Maroniten, der größten christlichen Religionsgemeinschaft im Libanon, könnte dadurch gefährdet werden. Im Süden, in den Schiitenvierteln, gab es bereits Bombenanschläge. Das Land im Norden, traditionell sunnitisch geprägt, diente laut verschiedenen Gerüchten Teilen der Freien Syrischen Armee als Rückzugsgebiet. Und weitere Gerüchte besagten, dass sich dort der Teil der Rebellen befindet, der eindeutig nicht mit den demokratischen Werten, wie sie der Westen vertritt, im Einklang steht. Die christlichen Maroniten, die eher in den Ballungsgebieten und um Beirut herum leben, versuchen, den Spagat der Neutralität zu wahren. Fast scheint es, als ob sie diesen Konflikt lediglich als eine Angelegenheit zwischen der Schia und der Sunna betrachten, mit dem sie als Christen nichts zu tun haben. Doch bei näherem Hinsehen steckt mehr dahinter. Ein maronitischer Vater, der den Bürgerkrieg im Libanon miterlebt hat, gab mir dazu eine klare Antwort: Die Maroniten wollen keinen Konflikt mehr und sehnen sich einfach nach Frieden. Ein Frieden, der trügerisch sein kann.

Am Flughafen wurde ich von meinem Onkel und David abgeholt. David verbrachte ein Auslandssemester im Libanon und war uns bei der Koordination der Reise sehr behilflich. Ein paar Stunden später traf auch Amil Gorgis aus Brandenburg ein. Amil verfügt über besondere Sprachkenntnisse, so beherrscht er neben dem Arabischen auch verschiedene Dialekte des West- und Ostsyrischen, die für unsere Recherchen sehr wichtig waren. Außerdem ist der über 60-jährige pensionierte Ingenieur gebürtiger Syrer, der die Schicksale seiner Glaubensbrüder und -schwestern aus seiner Heimat mit leidvollem Bedauern mitverfolgen muss.

Noch am gleichen Tag machten wir uns auf den Weg zur ersten Flüchtlingsfamilie, die bei meinem Onkel wohnt. Er lebt bereits seit 40 Jahren im Libanon und leistet privat

Flüchtlingshilfe, so wie viele andere Familien auch. Mal versorgt er die Geflüchteten mit Lebensmitteln, ein anderes Mal gibt er ihnen ein Dach über dem Kopf. Oder er hilft ihnen dabei, eine kleine Einkommensquelle zu finden. Oftmals sind solche privaten Kontakte die einzige Anlaufstelle neben den kirchlichen Einrichtungen, die die christlichen Flüchtlinge im Libanon haben. In die normalen Flüchtlingsunterkünfte trauen sich die meisten Christen nicht. Zu groß ist die Angst vor Repressalien durch einige Extremisten, die diese Lager als Unterschlupf benutzen. Das Gleiche gilt auch für die Türkei, wo ich mir persönlich nahe der syrischen Grenze ein Bild von der Lage machen konnte. Manche der Bewohner gaben sich auch unverblümt als Rebellen aus, die im Dunkel der Nacht dem Kriegshandwerk nachgingen und tagsüber die Sicherheit eines Verstecks (Flüchtlingslagers) aufsuchten. Somit hat bereits seit einiger Zeit das begonnen, was manche westlichen Medien oder Politiker immer noch nicht wahrhaben möchten: Der Bürgerkrieg, in dem es vielleicht zu Beginn einmal nur um rein politische Fragen ging, hat sich in einen Religionskrieg verwandelt. Und wieder einmal stehen viele Vertreter der westlichen Politik da und sind der festen Überzeugung, dass sie nie gedacht hätten, dass es so hätte kommen können. Dabei schlummerte dieser Konflikt bereits unter der Oberfläche. Angeheizt wird er zum einen durch die Petrodollar arabischer Staaten, zum anderen durch das naive Denken westlicher Politiker, die meinten, der Bürgerkrieg würde in kürzester Zeit zu Ende sein. Mit der Erwartung, dass ein weiterer »Musterstaat« das Licht der demokratischen Welt erblicken würde, wie Libyen, Tunesien oder das gerade gescheiterte Ägypten ...

Dabei vergessen viele, dass zwischen den Mühlen dieser inzwischen religiös geprägten Stammeskonflikte, in denen ein Clan versucht, über den anderen zu triumphieren – und die geprägt sind von westlicher Doppelmoral und dschihadistischer Willensstärke, die Schwächsten in der Kette das Nachsehen haben.

Diese Schwächsten sind die Minderheiten – die Christen, die Jesiden, die Alawiten, die Schiiten, liberale Sunniten, die Drusen, die Kurden, die Säkularen und die Atheisten. Es sind einfach all die Menschen, die vielleicht im kleinen Rahmen zu der einen oder anderen Seite tendieren oder einfach nur neutral sind, aber im Grunde genommen nichts anderes herbeisehnen als den Frieden.

Gerade die Christen sind es, die niemanden haben, der sie unterstützt. Es sei denn, es finden sich Angehörige und kirchliche Einrichtungen, die sich der Obdachlosen und Verfolgten annehmen. Gewiss, auch dies ist ein Kampf. Doch ist es immer noch besser, als ehemaliger Angehöriger der Mittelschicht in einem kleinen Zimmer mit mehreren Personen zu hausen, als Gefahr zu laufen, den Kopf abgetrennt zu bekommen, nur weil man nicht dem Ideal der Entmenschlichten entspricht.

Am nächsten Tag besuchten wir eine Familie, die zu siebt in einem Zimmer lebte. Der Vater hatte die Flucht für die Mutter und die drei Kinder aus dem nördlichen Teil Syriens organisiert. Später hatten sie zwei Verwandte bei sich aufgenommen. Den Eltern war bei der Flucht von Schleppern die Pässe abgenommen worden. Besonders tragisch ist, dass die Mutter der Familie als junge Frau bereits aus dem Irak geflohen war. In Syrien hatte sie eine Heimat und Familie gefunden. Jetzt plagte sie die gleiche Angst wie zuvor. Und als ob dies nicht genug wäre, konnte sie nun als irakische Staatsangehörige noch nicht einmal das Land verlassen. Dazu hätte sie einen gültigen Pass gebraucht. Doch um einen neuen Pass zu bekommen, hätte sie nach Mossul reisen müssen, in eine Stadt, in der vor wenigen Jahren mehrere 100.000 Christen lebten, die inzwischen aber aus gutem Grund die historische Metropole auf der Ninive-Ebene im Irak verlassen haben. Die verbliebenen 300 christlichen Familien in dieser Region müssen die monatliche Kopfsteuer bezahlen, die sogenannte Dschizya.

Die monatlichen 300 US-Dollar für eine eigene Wohnung konnte die Familie nicht allein aufbringen. Unterstützer trugen teilweise die Kosten für das Zimmer. Wir hinterließen der Familie ein bisschen Geld und ich hoffte, sie in das Flüchtlingskontingent aufnehmen zu können, was mir leider nicht gelang. Eine Tatsache, die heute noch an mir nagt.

Später, nach meiner Rückkehr nach Deutschland, erhielt ich einen verzweifelten Anruf der Mutter, die ich besucht hatte. Der Vater war nach Syrien gereist, um Pässe zu besorgen und war nicht mehr zurückgekommen. Er hatte unterwegs sein Leben verloren. Die Mutter mit den drei Kindern konnte sich das Zimmer nicht mehr leisten und irrte auf den Straßen Beiruts umher.

Sie rief mich nachts an, verzweifelt, weinend, schreiend und bat mich darum, den Kindern und ihr zu helfen. Nach einem Tag schaffte ich es mit Unterstützung der Caritas Österreich, ihr eine Bleibe zu verschaffen. Wenigstens für ein paar Nächte. Die Erinnerung an den herzzerreißenden Anruf der Mutter und das Bild der drei kleinen Mädchen lassen mich seitdem nachts immer wieder aus dem Schlaf hochschrecken. Dann liege ich mit all den Bildern im Kopf wach und fühle mich hilflos

Es sind nicht die Toten, ihre zerfetzen Körper und verstreuten Knochen, die mich beschäftigen. Es sind auch nicht die machthungrigen und fanatischen Verbrecher, die ihren

Opfern das Leben nehmen, die mir einen unruhigen Schlaf bescheren. Es sind die Lebenden, besonders die Mütter und Kinder, die angsterfüllt in eine ungewisse Zukunft blicken. Für sie müssen wir Frieden schaffen! Als Akt der Menschlichkeit. In der Hoffnung, dass sie eine Zukunft haben.

Mor Gabriel: Zuflucht und Schutz

Ungefähr 600 Meter über dem Meeresspiegel liegt in einem Vorort von Beirut das syrisch-orthodoxe Kloster Dayr Gabriel. Die nächsten Tage verbrachten wir hinter den Mauern dieses neu renovierten Klosters. Dayr Gabriel will jedem Gast Zuflucht und Schutz gewähren, und so kam es uns wie ein Durchgangsbahnhof vor.

Auch Sunniten und Schiiten haben hier kurzzeitig ein Zuhause gefunden, wie wir anhand der Unterlagen sehen konnten. Manche bleiben nur ein paar Tage, um ihr Ausreiseglück über die Türkei oder andere Länder zu versuchen. Von dort wollen sie sich auf eigene Faust weiter nach Europa, Amerika oder Australien durchschlagen. Andere wiederum sind vor Monaten im Kloster gestrandet, und hoffen verzweifelt, dass ihr Asylantrag in Deutschland oder Schweden genehmigt wird. Sie kritisieren die Arbeit der europäischen Behörden und verstehen nicht, warum sie noch nicht zu den schon seit Jahren in Deutschland oder Schweden lebenden Verwandten reisen durften. Hinzu kommt die massive Korruption, an der, so wie man uns sehr oft glaubwürdig mitgeteilt hat, lange Zeit auch Mitarbeiter der deutschen Botschaft vor Ort beteiligt waren. Termine gab es nur gegen Bezahlung einer Pauschale. Die zuständigen Behörden schoben einige

Monate später dem ganzen unerträglichen Vorgehen einen Riegel vor.

Viele Flüchtlinge verstehen die Haltung der Europäer und die strengen Asylverfahren nicht. Die syrischen Christen gehörten vor ihrer Flucht ja auch einer Mittelschicht an, waren wohlhabend und gebildet und konnten sich in Syrien ein entsprechend solides Lebens sichern. Viele Flüchtlinge haben einen akademischen Hintergrund, waren Lehrer, Ingenieure, Ärzte, Juristen. Es sind viele Studenten unter ihnen. Sogar Studenten des Goethe-Instituts sind zu finden. Gewiss, das Deutsch ist holprig, aber immerhin noch vorhanden. Sucht Deutschland nicht gerade diese Menschen? Ist hierzulande nicht von einem Mangel an Ingenieuren die Rede? Ist die Integrationsbereitschaft dieser Menschen, deren Verwandte in Deutschland bereits in der dritten und vierten Generation leben und sich hervorragend eingegliedert haben, denn nichts wert?

Vielen ist bewusst, dass sich hier ein Teil der Wissenselite aus dem Nahen Osten verabschiedet. So wie es bereits im Irak geschehen ist. Und dies hätte und hat auch fatale Folgen für das Land Syrien selbst, sollte es Frieden finden und wiederaufgebaut werden. Denn dann fehlen die Ärzte, Ingenieure, Lehrer und Unternehmer, die das Rückgrat eines Landes bilden und für die Entwicklung einer modernen Gesellschaft so wichtig sind.

Doch dann, dann erinnere ich mich wieder an das, was mir Aida, die Mutter der drei Kinder, anfangs gesagt hatte: Lieber würde sie sie im Himmelreich sehen, als sie jemals von einem Dämon berühren zu lassen …

Krieger, die zu Dämonen wurden

Sie kommen aus Tschetschenien, Usbekistan oder der Republik Dagestan, aus Libyen, Katar, Saudi-Arabien und Ägypten. Manche kommen sogar aus Deutschland, Frankreich, England oder Spanien. Gut bewaffnet ziehen sie als Krieger in einen Konflikt, der eigentlich nicht ihrer ist. Denn während die einen, egal ob Angehörige des Regimes oder Liberale in der Opposition, den politischen Konflikt um ein neues, friedliches Syrien ausfechten, suchen sie den Tod. Denn diesen fürchten sie nicht. Sie lieben ihn. Und weil sie ihn lieben und das Leben hassen, hassen sie auch alles, was nach ihrem Maßstab nicht würdig ist zu leben.

Anfangs wurden sie als punktuelle Waffe eingesetzt und finanziert mit privaten Geldern aus dem arabischen Raum. Akteure wie die Türkei oder auch die USA dachten, man könnte sie unter Kontrolle halten. Doch hier bewahrheitet sich, was Goethe in seinem Zauberlehrling zum Ausdruck brachte: Die Geister, die man rief, wird man – trotz der Beteuerung der liberalen Opposition – so schnell nicht wieder los. Und Syrien läuft Gefahr, von einem Zustand der autokratisch geführten Stabilität in ein Chaos zu stürzen, das zum Schluss viele Verlierer hervorbringen könnte, die den wenigen Gewinnern in einem dreigeteilten Land huldigen müssen.

Schuld daran ist auch die Unfähigkeit der Welt, dem Treiben der verschiedenen Parteien Einhalt zu gebieten. Eine Unfähigkeit, die nicht in der Lage war zu erkennen, dass sich die schleichende Gefahr einer entmenschlichenden Ideologie ihrer Blindheit bediente, um im Herzen einer historisch toleranten Region einen Gottesstaat zu errichten.

Ob dieser eventuell entstehende Gottesstaat, der bereits jetzt seine Fratze des Bösen teilweise enthüllt, den Minderheiten eine Chance gibt, ist mehr als fraglich. Wie würde es den Minderheiten ergehen, wenn bereits jetzt, unter den aktuellen Umständen, Kirchen gesprengt, Menschen entführt und enthauptet, Mädchen vergewaltigt werden? Gewiss, dies ist nicht das Werk der liberalen Opposition, die selber zwischen den Fronten steht und mit allen Mitteln versucht, sich gegen die Dschihadisten zur Wehr zu setzen. Werden sie die Geister wieder einfangen können, die sie einst zu Hilfe gerufen haben?

Hierüber können sich die Christen und andere Minderheiten aktuell wohl wenig Gedanken machen. Ihnen geht es nur noch darum, die eigene Familie zu schützen. Und in diesem Zusammenhang fragte mich das Familienoberhaupt einer christlichen Flüchtlingsfamilie im Kloster zu Recht, wohin sie denn fliehen sollen. Die Sunniten haben Katar, Saudi Arabien und die Türkei als Unterstützer im Hintergrund. Die Alawiten haben noch den Iran und Teile des Libanons hinter sich. Die Kurden bilden ebenfalls eine Sicherheitsmacht. Und die Christen? Wer schützt die Christen vor den Dämonen, die den Tod lieben und das Leben hassen?

Nicht unerwähnt bleiben soll, dass es neben den Christen noch weitere verfolgte Minderheiten in Syrien gibt. Bei einer Dreiteilung des Landes und einem Sieg der Islamisten hätten auch die Alawiten das Nachsehen. Ein Bischof sagte einmal: »Die Christen werden das Land verlassen. Die Alawiten wird man erschießen«.

Die Politiker, die die Dämonen fürchten

Während unseres weiteren Aufenthalts wollten wir mehr über die Sichtweise der christlichen Politiker erfahren, die im Libanon ihrer Arbeit nachgehen und verschiedenen politischen Lagern zuzuordnen sind. Die Gespräche waren von einer Offenheit geprägt, die viele Europäer überraschen würde.

Habip E. Ephrem, der Präsident der *Syriac Leagues* im Libanon, einer Vertretung verschiedener christlicher Gruppierungen, die eher dem syrischen Regime nahesteht, betonte ganz klar, dass nur eine Lösung, in der *alle* Minderheiten die gleichen Rechte genießen, erstrebenswert sei. Dabei verurteilte er den Extremismus, der auch für den Libanon gefährlich werden könne. Seine Partei engagiert sich mit großem Aufwand für die medizinische Versorgung der Flüchtlinge im Libanon. »Die Türe für eine medizinische Versorgung steht jedem offen«, so Ephrem. Und eine kostengünstige Versorgung ist auch bitter nötig, denn der Libanon ist ein sehr teures Land.

Ibrahim Mrad, der Präsident der *Syriac Union Party*, einer ebenfalls christlichen Organisation, die in Syrien der liberalen Opposition zuzuordnen ist und die in einem massiven Konflikt mit dschihadistischen Gruppierungen steht, sieht ebenfalls einzig und allein eine Lösung darin, allen Bevölkerungsgruppen gleiche Rechte zu gewähren. Übereinstimmend mit oppositionellen und regimetreuen Politikern sieht er die zunehmende Verbreitung der dschihadistischen Ideologie in Syrien als große Gefahr und warnt, dass diese auch in die angrenzenden Regionen hinüberschwappen könne. Mit katastrophalen Folgen für die Stabilität anderer Länder und im Besonderen für Israel.

Beide sind überzeugt, dass die Christen sofort zu Verhandlungen für eine friedliche Lösung bereit wären. Allerdings nur unter einer Voraussetzung: Die extremistischen Teile der Opposition, die in Syrien einen Gottesstaat errichten wollen, dürfen bei den Gesprächen nicht beteiligt werden.

In Mor Gabriel sagte ein Flüchtling zu mir, dass auch wir in Europa von dieser Ideologie nicht verschont bleiben werden. Denn wir seien viel zu nachsichtig mit den Dschihadisten, die den Männern den Kopf von den Schultern trennen und die Frauen vergewaltigen wollen, wenn sie sich nicht zur »einzig wahren Religion«, dem Islam, bekehren. Sind denn nicht viele dieser Kämpfer auch Europäer? Und sind nicht sogar einige aus Deutschland?

Was sollte ich diesem älteren Herrn auch entgegnen? Dass mir mehr als bewusst ist, dass auch in der islamischen Welt ein Konflikt zwischen denjenigen tobt, die den Islam an eine moderne Weltanschauung anpassen wollen, und denen, die sich nach den Zeiten eines rückwärtsgewandten Islam sehnen? Dass wir uns die Frage stellen sollten, woher diese Ideologie kommt, die nur noch zwischen Schwarz und Weiß unterscheidet, anderen Menschen das Recht auf Leben abspricht und deren Vertreter sich wie eine Herrenrasse aufführen, ähnlich wie es in der düstersten Zeit Mitteleuropas einmal der Fall war?

Ja, ich kann die Mutter verstehen, mit der unsere Reise begann. Und ich kann den älteren Herrn verstehen, der meinte, dass dies nun auch unser Problem sei. Denn mein persönliches Problem ist es längst geworden: Auch ich hatte schon eine Morddrohung in perfektem Deutsch erhalten, verfasst von einem deutschen Jugendlichen mit türkischen Wurzeln, der damit drohte, mich zu enthaupten. Ausgehend von seinem Hass auf die Christen und bezogen auf einen Artikel, den ich zuvor im Zusammenhang mit der Enteignung eines der ältesten Klöster in der Türkei veröffentlicht hatte. Recherchen ergaben, was sogar bei einer BR-Reportage 2013 thematisiert wurde, dass es sich beim Verfasser um den Anhänger einer türkisch-nationalistischen Gruppierung handelt, die Großmachtträume von einem pantürkischen Staatsgebilde hat. Spätere journalistische Aktivitäten, im Besonderen wenn es um den Genozid an den Christen im Osmanischen Reich ging, provozierten scheinbar immer wieder türkischstämmige Nationalisten in Deutschland so sehr, dass mir diese in den sozialen Medien entsprechende Nachrichten hinterließen. Eine besorgniserregende Entwicklung in Deutschland und in Europa. Faschismus ist keine Eigenart des Deutschen an sich. Faschismus und Fremdenhass können sich religions- und kulturübergreifend einen Nährboden verschaffen. Und damit einhergehend besonders junge Menschen indoktrinieren, die die Freiheiten der Demokratie genießen, nur um eben jene Freiheiten anderen im nächsten Moment zu verwehren, sei es Glaubens-, Presse- oder Meinungsfreiheit.

Was ist mit der Integration in Deutschland nur schiefgelaufen, wenn Jugendliche in der dritten, vierten Generation keinerlei Demokratieverständnis aufweisen? Wir waren und sind in Europa immer noch zu blind, um solche Entwicklungen zu erkennen. Oder manche wollen sie einfach nicht erkennen.

Sie lieben den Tod,
wir lieben das Leben

Hätte mir vor Jahren jemand gesagt, dass ich eines Tages einen entfernten Verwandten aus der Schweiz, dem ich einst als Kind im sicheren Europa begegnete, in einer der heißesten Kriegsregionen der Welt treffen würde, ich hätte ihn ausgelacht. Doch genau das ist geschehen. Wieder zurück in Deutschland, aber noch nicht ganz dort angekommen und immer noch in Gedanken in Syrien, fragte ich mich immer wieder, ob es ein Schicksal, ob es so etwas wie Fügung gebe. Der Glaube an Gott steht diametral zu meiner Überzeugung, dass der Mensch über einen freien Willen verfügt. Doch manchmal hege ich Zweifel an meinen eigenen Prinzipien. Zugleich habe ich in den letzten Jahren immer wieder erlebt, wie wir an Weggabelungen geraten und Entscheidungen treffen müssen. So wie der Schweizer Unteroffizier Johan Cosar, der entschied, auf Seiten der Christen in Syrien in den Krieg einzugreifen.

Ich hätte ihn gerne noch einmal gefragt, ob er sich von Beginn an all der Konsequenzen seines Handelns bewusst war. Ich hoffe, ich werde das noch einmal tun können. Gedanklich sehe ich immer wieder den jungen Mann in Jeans und T-Shirt vor mir, den ich 2012 in Syrien zum ersten Mal traf. Die Realität ist allerdings eine andere. Als ich 2014 wieder mit deutschen Journalisten die syrische Grenze passierte, diesmal legal, fand ich einen Mann vor, den der Krieg gezeichnet hatte: die Haare komplett ergraut, tiefliegende, nachdenkliche Augen und eine Körpersprache, die unmissverständlich zeigte, was dieser Mensch alles erlebt haben musste. Keine Frage, Johan Cosar hatte sich verändert. Und mit ihm der Krieg. Der christlichen Miliz MFS angehörend, die sich später dem effektivsten militärischen Verbund gegen den Islamischen Staat anschloss, den Syrian Democratic Forces (SDF), brachte er jungen Syrern Disziplin und Gehorsam bei. Noch wichtiger waren sein strategisches und taktisches Wissen, mit dem Johan Cosar den Krieg gegen den IS veränderte. Dieser hatte sicherlich nicht mit der Effektivität eines Schweizer Unteroffiziers gerechnet.

Der Kampf am Khabour

Der Khabour, im Arabischen auch Chabur genannt, ist der längste Nebenarm des Euphrats in Syrien. Seine Wassermassen, die aus der türkischen Grenzregion stammen, ermöglichen seit Jahrtausenden einen blühenden Anbau verschiedenster Gemüse- und Feldfrüchte, über 300 Kilometer lang bis in das südliche Steppengebiet hinein. Hierher waren christliche Assyrer nach dem Massaker 1933 in der nordirakischen Region Semile geflohen, arabische und kurdische Stämme hatten damals Tausende ermordet. Mehr als zwei Generationen lang führten die Flüchtlinge im idyllischen Khabour-Tal ein friedliches Leben, bis der Islamische Staat Ende Februar 2015 eine Seite des Tals einnahm und Hunderte christliche Assyrer verschleppte.

Ich besuchte das Tal Anfang 2015 allein, der IS war bereits in weite Teile vorgedrungen. Nachdem ich 2014 Johan Cosar mehrmals getroffen hatte – er hatte mich und zwei Journalisten damals begleitet –, war er diesmal ständig im Einsatz, der Krieg spitzte sich noch mehr zu. Statt Johan war Sanharib bei mir, den ich noch von unserer Tour von 2012 kannte. Der ehemalige Medizinstudent, der vom IS gefoltert worden war, trug inzwischen eine grüne Uniform und war der »Medien-Verantwortliche« für die neue gegründete Bodenformation SDF, die bis heute, mit Luftunterstützung alliierter NATO-Kräfte, zum Leidwesen der Türkei den IS sehr effektiv bekämpft. Zusammen mit Sanharib fuhren wir am Fluss entlang, um das Kampfgelände zu erkunden. Besonders achteten wir auf den Pegelstand, der kurz vor dem Angriff der Islamisten auf die christlichen Assyrer massiv gestiegen war und den Verteidigern auf der anderen Seite keine Chance ließ, den Fluss zu passieren, um den Assyrern zu Hilfe zu kommen. Wir quartierten uns uns in einem Dorf auf der nicht vom IS besetzten Seite ein und untersuchten die Lage genauer. Ich wollte exakt wissen, wann es zum Hochwasser gekommen und was der plötzliche Auslöser gewesen war. Es war schwer vorstellbar, dass dieser Angriff ohne besondere Unterstützung von der türkischen Seite aus hätte erfolgen können. Der Khabour-Fluss wird auf der türkischen Seite an der Grenzregion in der Nähe der Kreisstadt Mardin gestaut. Um den Rohstoff Wasser liegen die Türkei und Syrien seit Jahren im Streit. Die Türkei kann auf ihrer Seite den Syrern einfach das Wasser abdrehen. Tut sie das, verkommt der Fluss im Tal zu einem kleinen Rinnsal, und der Anbau ist gefährdet. Wir sahen uns mit diesem Wissen im Hinterkopf Satellitenbilder des Flusses an, die vor und nach dem Angriff entstanden waren. Wir stellten dabei fest, dass wenige Stunden vor dem Angriff auf der südlichen Seite des Tals der Wasserpegel plötzlich immens in die Höhe geschossen war. Dies konnte natürlich kein Zufall sein, denn geregnet hatte es schon lange nicht mehr. Also suchten wir nach der nächsten Schleuse, die solch eine Flut ausgelöst haben könnte, und wir wurden fündig. Ich bin überzeugt, dass das Öffnen der Schleusen auf türkischer Seite dem IS den strategischen Vorteil gebracht hatte, die eine Seite des Tals besetzen zu können, ohne mit einem Gegenangriff rechnen zu müssen. Diese Erkenntnis, die durch vorhandene Satellitenbilder über den Zeitraum vor und nach der Schleusenöffnung eindeutig belegt wurde, war schockierend, bedeutete es doch nichts weniger, als dass der IS Unterstützer auf der türkischen Seite besaß, die Zugang zur regionalen Infrastruktur der Türkei haben mussten. Terrorhelfer in einem Nato-Mitgliedsstaat, der eigentlich gegen die Extremisten zu Felde zog. Mir wurde wieder einmal klar, wie kompliziert dieser Konflikt war, wie unglaublich schwierig die verschiedenen Parteien einzuteilen sind. Und dass aus diesem Grund der Krieg noch lange nicht zu Ende sein würde, auch wenn das Politiker in Europa immer wieder behaupteten. Einige Jahre später, gerade erst im neuen Jahr 2018, erlebten wir zum Beispiel den Angriff türkischer Truppen auf kurdische Stellungen im nordsyrischen Afrin. Dass dieser Angriff damit gerechtfertigt wurde, dass man die YPG/YPJ (militärischer Arm der Kurden in Nordsyrien) bekämpfen müsste, widerspricht klar den Zielen der Anti-IS-Allianz, den »Islamischen Staat« und verbündete Gruppierungen in der Region zurückzudrängen. Die YPG und deren weibliches Pendant, die YPJ, bilden die Kerneinheiten der SDF-Formation, die als Bodentruppen eingesetzt wurden und im Besonderen vom NATO-Partner USA aus der Luft, aber auch von russischen Einheiten unterstützt wurden. Das Eingreifen der Türkei 2018 hat aus meiner Sicht, vor allem in Bezug auf die Tatsache, dass der Erdoğan-Staat die Kurden als Sündenbock heranzog, ziemlich banale Gründe: In der Türkei leben inzwischen mehrere Millionen syrische Flüchtlinge, teils legal, teils illegal. Sie unterwandern das Lohnniveau, müssen in vielen Fällen illegal ihr Geld verdienen und das führt zu Spannungen mit der türkischen Bevölkerung. Der Krieg gegen die Kurden dient daher nach meinem Dafürhalten der Sicherung einer Rückführungszone für Flüchtlinge, übrigens durchaus von der EU gebilligt. Niemand, erst recht kein frisch gewählter Politiker, möchte erneut Millionen Menschen an den südlichen Grenzen Europas haben. Doch muss man hier die Frage stellen, ob diese Haltung langfristig betrachtet das Opfer wert war. Wenn wir die Kurden oder jede andere Bewegung im Stich lassen, die den westlichen Kampf gegen Extremismus und Demokratie unterstützt haben, begehen wir Verrat an den eigenen Werten.

Aus all diesen Gründen ist es schwer vorstellbar, dass damals irgendjemand bei den Wasserwerken auf der türkischen Seite aus Versehen, just in dem Moment, als es einen strategischen Vorteil bot, auf den Knopf drückte und die Schleusen öffnete. Nicht nur schwer vorstellbar, sondern schlichtweg unrealistisch.

Jedes Mal wenn ich schieße, stirbt ein Teil von mir

Wenige Monate später, es ging auf Ostern zu, traf der Patriarch der Syrisch-Orthodoxen Kirche, Seine Eminenz Mor Ignatius Aphrem II. Karim, in seiner Geburtsstadt im syrischen Qamishli ein. Bereits in Deutschland und auf anderen Reisen hatte ich den hohen Geistlichen sprechen können und war auch diesmal vor Ort. Ich setzte alles daran, den Patriarchen kurz zu sprechen. Am Abend vor meiner Abreise zurück in den Süden für weitere Recherchen empfing mich der Patriarch tatsächlich zu einem Interview. Vorwiegend ging es um die Situation der Christen in Syrien, aber auch um die Ächtung des Genozids zwischen 1915 und 1918 an den Christen im Osmanischen Reich, die im Juni 2016 als Armenien-Resolution einstimmig vom Bundestag beschlossen wurde und bis zum heutigen Tag für Missstimmung zwischen Ankara und Berlin sorgt. Das Interview war vorbei, als mich das Oberhaupt der Syrisch-Orthodoxen Kirche mit ernster Miene fragte, weshalb ich statt in einem Anzug mit einer Lederjacke und einer Militärhose vor ihm erschienen sei. Verdutzt blickte ich den Geistlichen an. Dann antwortete ich trotzig, dass Extremisten eine Krawatte nicht fürchten würden. Daraufhin lächelte er mich an und meinte, dass er mich nur auf den Arm nehmen wolle. Nun wollte er wissen, wohin es mich als Nächstes verschlagen würde. Ich erzählte ihm von meinen Plänen, und sein Blick richtete sich starr auf mich. Er zeigte mit dem Finger auf meinen Kopf: »Sie werden dir den Kopf abschneiden.« Ich erstarrte. Solche Worte von Menschen zu hören, die mir irgendwelche idiotischen und widerlichen Botschaften über die sozialen Medien zukommen lassen, machte mir nichts aus. Sie aber von meinem eigenen Patriarchen zu hören, das brachte mich völlig aus der Fassung. Er aber lächelte und sagte: »Ich sehe, du verstehst den Humor der Syrer nicht. Wir nehmen nicht alles so ernst, manchmal bleibt uns nichts anderes als der Sarkasmus.« Und der Patriarch fuhr fort: »Doch nun werde ich dich segnen, mein Sohn. Mach Dir keine Sorgen. Du kommst in einem Stück wieder zurück.«

Kurz bevor ich den Patriarchen verließ, musste ich noch eine Frage stellen. Lange trug ich mich bereits damit herum, hatte sie nicht zu stellen gewagt, nicht dem Oberhaupt meiner Kirche, doch jetzt konnte ich nicht anders: »Darf ein

Christ einem anderen Menschen das Leben nehmen?« Ich bin mir nicht sicher, ob Patriarch Aphrem II. in diesem Moment so eine Frage erwartet hatte, doch reichten ihm nur ein paar Sekunden, um nun mit einem sehr ernsten und nachdenklichen Blick zu antworten. Er beschrieb dabei das Leben als heiliges Geschenk an uns Menschen, um für eine kurze Zeit auf Erden zu verweilen. Kein Mensch sollte einem anderen Menschen das Leben nehmen. So lehre es uns das Christentum in seinen verschiedenen Facetten. Doch da das Leben heilig sei, so der Patriarch weiter, dürfe man es auch nicht einfach wegwerfen. Sich zur Schlachtbank führen zu lassen, käme einem Selbstmord gleich. Entsprechend war es meine Pflicht, nicht nur mein Leben zu verteidigen, sondern auch das derer, die sich nicht selber schützen können. Deshalb hätte jeder Christ das Recht, das ihm und seinen Mitmenschen gegebene Leben zu schützen und zu verteidigen. Und genau das taten Johan, seine Mitstreiter und auf meine Weise auch ich in diesen Jahren.

Die Worte des Patriarchen rückten irgendetwas in mir zurecht. Man mag das belächeln, doch seine Antwort war mindestens so wichtig wie der Segen, den er mir kurz vor meiner Abreise spendete. Ich konnte versöhnter mit dem, was ich tat, losziehen, zusammen mit Sanharib und Simon, einem Scharfschützen. Wir marschierten zurück zum Khabour-Tal und positionierten uns auf dem Dach eine Gebäudes, um den IS auf der anderen Seite des Flusses zu beobachten. Im Schutze einer Mauer hoch oben lagen wir auf dem Bauch. Die Ruhe war trügerisch, und plötzlich bemerkten wir, dass auch wir beobachtet wurden. Simon nahm eine bessere Position ein und zielte auf etwas auf der anderen Seite, was ich nicht erkennen konnte. Nach einer gefühlten Ewigkeit, ich wartete die ganze Zeit auf den Schuss, legte der junge Scharfschütze, der einmal Lehrer werden wollte, das Gewehr wieder ab. Er meinte lapidar: »Wir haben uns darauf geeinigt, nicht aufeinander zu schießen. Zumindest jetzt nicht.« Bis heute weiß ich nicht genau, was er meinte. Ich fragte Simon deshalb, wie viele Menschen er schon erschossen habe. Er zählte sieben auf, blickte mich betrübt an und ergänzte: »Jedes Mal wenn ich schieße, stirbt ein Teil von mir. Doch was sollen wir machen? Sie lieben den Tod, wir lieben das Leben.«

Die zwei Splitter der Gotteshäuser

2014 und 2015 begleitete ich mehrere Tage lang junge Christen in Nordsyrien, die gemeinsam mit kurdischen und arabischen Kämpfern eine starke Front gegen den Islamischen Staat errichtet hatten. Der Erfolg zeugte von ihrer Willensstärke, und sie rangen den Extremisten trotz der teilweise schlechteren Bewaffnung immer mehr Gebiete ab. Wenn der Feind zurückgedrängt worden war, ging es zunächst darum, das Gebiet abzusichern und von bösen Überraschungen wie versteckten Minen zu säubern. Im Irak wäre ich damals um ein Haar einmal auf solch eine Mine getreten, was mich mindestens ein Bein, wenn nicht sogar mein Leben gekostet hätte.

Es faszinierte mich immer wieder zu sehen, mit welchem Ehrgeiz diese jungen Männer und Frauen gewillt waren sich zu verteidigen. Sie hätten auch fliehen können. Doch taten sie es nicht. Sie stellten sich der Gefahr, weil sie eine friedliche Heimat haben wollten. Ihr Glaube gab ihnen Kraft und Hoffnung. Vor allem auch der Glaube an ein harmonisches Zusammenleben aller Religionen und Ethnien.

Besonders beeindruckend erfuhr ich das, als wir unterwegs waren, um eine vom IS besetzte Kirche, die die

Dschihadisten komplett zerstört hatten, zu befreien. Wir passierten dabei ein muslimisches Dorf, das ebenfalls in die Hände der IS-Schergen gefallen war. Diese hatten den örtlichen Sufi-Imam vertrieben und zudem die Moschee dem Erdboden gleich gemacht. Der Sufismus, eine spirituelle Spielart des sunnitischen Islam, der den meisten Menschen durch die sich in Trance tanzenden Derwische bekannt sein dürfte, wird vom wahabitischen Islam aufs Schärfste bekämpft. Aber warum auch noch die Moschee? Nun, eine Moschee darf nach Ansicht des IS nur ein Minarett haben. Doch die vor mir liegende Moschee hatte vier Türme, und so wurden nicht nur die Türme komplett zerstört, sondern auch der wunderschöne Innenraum, der mit vielen künstlerischen Details mit blau-weißen Kacheln verziert gewesen war. Die blinde Zerstörungswut war ein Beleg mehr dafür, dass sich der Wahnsinn und der Hass der IS-Kämpfer eben nicht nur gegen Christen oder Jesiden richteten, sondern gegen alle, die sie als Sünder ausgemacht hatten – das waren sehr oft eben auch Muslime, die in den Augen des IS mindestens genauso »kafir« waren, wie wir.

Zwei junge Männer, Gaby und Musa, begleiteten mich auf dem Weg zur Moschee. Sie waren an deren Befreiung beteiligt gewesen und sorgten zugleich für meinen Schutz. Die beiden waren Brüder und ich fragte Gaby, weshalb er überhaupt auf den Gedanken gekommen wäre, als Christ an der Befreiung einer Moschee mitzuwirken. Das hätte ihn doch leicht das Leben kosten können? Ohne zu zögern wies mich Gaby darauf hin, dass alle Menschen das Recht auf freie Religionsausübung hätten. Frieden könne es nur geben, wenn all Bewohner die gleichen Rechte und Pflichten hätten. Alles andere würde immer wieder zu neuen Konflikten führen und die Spirale der Gewalt würde nie enden. Und wenn er und seine Kameraden nicht beginnen würden, dies im Angesicht dieses Konfliktes in die Realität umzusetzen, wann sollte es dann geschehen?

Jahre später, 2017, bei der Erstürmung Raqqas, starb Gaby im Gefecht. Als ich davon erfuhr, begann ich zu weinen. Und ich holte zwei Splitter heraus, die ich damals mitgenommen hatte als Andenken an die Lektion, die mir Gaby gegeben hatte: einen Splitter der zerstörten Kirche und einen der blau-weißen Moscheekacheln. Aus ihnen formte ich zwei Talismane. Einen schenkte ich einem guten Freund, Hassan, ein Schiit mit irakischen Wurzeln. Den anderen behielt ich für mich, um nie zu vergessen, was Gaby damals gezeigt hatte und wofür er gestorben war.

Sie wissen, dass du da bist ...

Gemeinsam mit einem kleinen Trupp traf ich in der Provinz Hassake ein, südlich von Qamishli. Ich wusste um die Geiseln im Khabour-Tal und der Tatsache, dass diese gefährdet sein könnten, sobald die gemeinsamen Kräfte der Christen, der Kurden und der Araber aktiv werden sollten. Das Schicksal der entführten Männer, Frauen und Kinder war sogar Gesprächsthema in Deutschland und hinter den Kulissen wusste ich, dass Organisationen und Politiker darum bemüht waren, eine Lösung für das Problem zu finden. Viele der Geiseln hatten Verwandte in Deutschland und so fanden in deutschen Städten Demonstrationen gegen die Verbrechen des IS statt. Oft führte dies auch zu einer vertieften Spaltung der Gesellschaft, da man fälschlicherweise Muslimen allgemein die Schuld an der Misere gab. Seit Jahren war bereits ersichtlich, dass es dem islamischen Terrorismus darum ging, durch Gewaltakte, vollzogen an nichtmuslimischen Minderheiten, einen Keil in westliche Gesellschaft zu treiben. Die medienwirksame Zurschaustellung und Hinrichtung der Geiseln sollte diesen Graben nur noch vertiefen und tat es auch.

In Hassake angekommen traf ich mich zuerst mit einigen Kontaktleuten. Ich erfuhr, dass sich Lufteinheiten der US-Amerikaner stärker formierten und eine Offensive bevorstand, um einige strategische Rückzugsgebiete der Islamisten unter Beschuss zu nehmen. Ich wusste allerdings, dass man noch ein wenig zögerte, weil die Geiseln genau für solche Zwecke als Schutzschild missbraucht wurden. Niemand wollte für den Tod unzähliger unschuldiger Zivilisten verantwortlich sein. Und das wussten natürlich auch die Geiselnehmer. Und da die meisten Gefangenen Angehörige der Assyrisch-Apostolischen Kirche waren, standen die Islamisten in Kontakt mit dem Bischof der Assyrisch-Apostolischen Kirche. Der hohe Geistliche war deshalb der Grund meines Besuches in Hassake. In der später schwer umkämpften gleichnamigen Provinzstadt Hassake, in der ich mich für kurze Zeit aufhielt und den Geistlichen zu einem internen Gespräch treffen wollte, war es schwer, zwischen Freund und Feind zu unterscheiden. Die Einheit, zu der ich für diese Tage gehört, hatte meine Ankunft geheimzuhalten versucht. Trotzdem schien der IS die Tatsache in Erfahrung gebracht zu haben, dass ich, ein deutscher Journalist, den Bischof der Assyrisch-Apostolischen Kirche sehen wollte. So erhielt ich, kurz nachdem die Nachricht von der Enttarnung durchgesickert war, das Signal, dass der Bischof die nächsten Tage nicht anwesend und ein Treffen unmöglich sei. »Sie wissen, dass du da bist«, so die Aussage eines treuen Begleiters. Wieder zurück in einem sicheren Gebiet, erfuhr ich, dass der IS eine schriftliche Drohung übermittelt hatte. Und dass meine Gefangennahme mit einem besonderen Preis belohnt werden würde: mit mehr Jungfrauen im Paradies als sonst üblich für Märtyrer.

Die Nachricht, dass das Kopfgeld, das auf mich ausgesetzt worden war, aus zusätzlichen Jungfrauen im Paradies bestehen sollte, mag sogar etwas belustigen. In jedem Fall ist es absurd. Zugleich aber steckt eine Haltung dahinter, die alles andere als ein Grund für Belustigung ist. Ich meine die Einstellung und Haltung, Frauen als Preis, als Beute zu sehen. Die Fanatiker beziehen sich dabei oft auf den Propheten selbst und Erzählungen darüber, wie bei den Kriegszügen, die zur Ausbreitung des Islam geführt haben, nicht nur Edelmetalle und andere wertvolle Gegenstände zur Beute zählten, sondern vor allem auch Frauen. Frauen, unter ihnen besonders die jungen und schönen, die als Sexsklavinnen gehalten werden durften. Frauen werden, das sieht man in allen Kriegen, derzeit zum Beispiel auch in Afrika, instrumentalisiert, um den Gegner zu bestrafen, einzuschüchtern, zum Aufgeben zu zwingen. Zugleich ist es sicher, dass viele IS-Kämpfer sich auch deshalb dem Kalifat angeschlossen haben, weil sie die Aussicht auf diese »Beute« antrieb. Wobei diese Haltung bereits vor dem IS dafür sorgte, dass im Irak Christinnen, Jesidinnen oder Kurdinnen entführt und nach Saudi-Arabien als Sexsklavinnen verkauft wurden. Nur spricht niemand darüber, aus politischen Gründen oder aus Angst.

Ich möchte in diesem Zusammenhang die Dinge nicht beschönigen. Und hatte ich bereits zuvor Grauenvolles erlebt, so überstiegen die Gräueltaten des IS alles. Gemeinsam mit Stefan Meining von der ARD hatten wir die Möglichkeit, uns die Geschichten Betroffener anzuhören. Ich kannte bereits zuvor das Ausmaß der sexuell angestauten Gelüste junger arabischer Männer aus dem Nahen Osten und Nordafrika. Meine Recherche haben immer wieder ergeben: Ein fehlendes Ventil für die angestaute sexuelle Frustration, fehlende Arbeitsplätze und damit einhergehend die nicht vorhandene Möglichkeit zu heiraten, spielen eine nicht zu unterschätzende Rolle in Teilen dieser Männergesellschaft. Der IS nutzt diese Frustration, bezieht sich auf den Propheten und seine Gefährten und legitimiert so in den Augen seiner Anhänger diese Verbrechen. Für uns waren die Recherchen bedrückend, schockierend, doch zugleich sorgte die Reportage für einen Aufschrei. Ein Aufschrei, der wichtig ist, wenn wir über Europa und den Umgang mit patriarchalischen Strukturen sprechen, die sich dort durch die Ankunft von Flüchtlingen aus eben diesen Gesellschaften gebildet haben und die auf die Tatsache treffen, dass Frauen Freiheiten besitzen, die selbstverständlich sind, aber im krassen Kontrast zu den Erfahrungswerten mancher stehen. Das ist eine Tatsache, die wir nicht ignorieren können. Und die ich im Irak und in Syrien in ihrer schlimmsten Ausprägung erfahren habe.

Ich wünschte, ich hätte Tränen

Diese Erfahrungen, die ich gemacht habe, nicht nur in Bezug auf die entführten Sexsklavinnen, haben lange Zeit vor allem eines: mir die Tränen geraubt. Ich war ausgetrocknet, buchstäblich. Etwas, was viele der Kämpfer in Syrien und Irak kennen, etwas, was auch die Gesellschaft für immer verändern wird, selbst wenn der Krieg einmal vorbei sein sollte. Es ist nicht so einfach, das Weinen wieder zu erlernen.

Ich erinnere mich dabei an eine Reporterin und ihren Begleiter, mit denen ich in diesen Tagen unterwegs war. Iris arbeitete für das ZDF und machte Dokumentationen und Reportagen für Formate wie Frontal 21 und 37 Grad. Ich hatte sie über Freunde kennengelernt. Sie war eine Ausnahmeerscheinung: knallrote Haare, laut und meinungsstark und manchmal auch cholerisch. Zugleich war sie ein wunderbarer und mitfühlender Mensch.

Ich hatte Iris nach der Sondersitzung des Deutschen Bundestags am 1. September 2014 kennengelernt. Damals stimmte die Mehrheit der Abgeordneten den Plänen zu, die Regionalregierung Kurdistans (KRG) mit Waffen zu beliefern, um dem Vorstoß des IS etwas entgegensetzen zu können. Ich saß damals als 1. Vorsitzender des Zentralrates Orientalischer Christen in Deutschland auf der Ehrentribüne des Bundestags. Nach meiner Meinung gefragt, ob dies die richtige Entscheidung sei, konnte ich nur mit einem klaren »Ja« antworten. Aus strategischen Gründen war es richtig, auch wenn die Kurden die Jesiden und die Christen in der Ninive-Ebene nördlich von Mossul im Stich ließen. Besonders das Milan 2 Raketensystem, das vom Boden aus präzise abgefeuert werden konnte, war in der Lage, die gepanzerten Selbstmordkommandos des IS mit ihren mit Sprengstoff beladenen Fahrzeugen bereits aus der Ferne auszuschalten. Ich wusste, dass mit Entscheidung des Bundestages Deutschland aktiv in den Krieg eingreifen und sich noch mehr zum Anschlagsziel machen würde. Doch verband ich damit die Hoffnung, dass auch die christlichen Suryoye mit Waffen ausgestattet werden würden. Ohne diese Hilfe, das hatte ich bei meinen gerade erst zurückliegenden Reisen selbst gesehen, wäre ihr Untergang besiegelt.

Nach der Abstimmung trat Iris an mich heran. Sie hatte erfahren, dass ich bereits eine weitere Reise mit Journalisten in die Region plante, und sie überzeugte mich davon, sie mitzunehmen. Ich gebe offen zu, dass ich mir wegen ihrer impulsiven Art Sorgen machte. Und so war ich auch glücklich darüber, dass Mitglieder einer Hilfsorganisation mich zusätzlich begleiteten, darunter ihr Vorsitzender Mike Malke, dessen Trauzeuge ich Jahre später werden durfte. Mike ist durch und durch gläubiger Christ und vom Gedanken beseelt, Menschen zu helfen und die Welt ein bisschen friedlicher zu machen. So war ich wirklich froh, ihn dabei zu haben.

Ich ließ Mike, Iris und ihre Begleiter in Erbil, weil ich mit den anderen Journalisten weiter nach Syrien musste. Nachdem wir unsere Reportage abgedreht hatten und zurückgekehrt waren, traf ich Iris in unserem Hotel in Erbil. Iris begrüßte mich mit einem Faustschlag in die Magengegend. Es folgten weitere Schläge und ein Tritt in meine Genitalien, dem ich gerade noch ausweichen konnte. Ich packte Iris und hielt sie fest. Sie antwortete mit Schimpfwörtern, auch mit einem gezischten jüdischen »Schmock«. Plötzlich versiegte ihr Wortschwall, und sie brach in Tränen aus. Ihre Reportage war geplatzt, weil Mike, der Hauptprotagonist, weg war. Er musste kurz vor meiner Ankunft das Hotel verlassen haben. Ich lief sofort los, um Mike zu suchen. Es dauerte keine halbe Stunde, bis ich ihn an der Hauptstraße fand, auf einem Koffer sitzend. Es war schon nach Mitternacht, doch er wollte einfach nur ein Taxi zum Flughafen und ab nach Hause. Ich blickte ihn an. Ich hatte noch meine Militärstiefel an, war unrasiert, hatte Wüstenstaub auf meiner Kleidung und ihm Haar. Mike schien das alles nicht zu bemerken. Er saß einfach da und weinte. Ich setzte mich zu ihm, versuchte ihn zu trösten, mit ihm zu weinen. Doch ich konnte nicht. Der Krieg hatte mir meine Tränen geraubt und ich war unendlich traurig, dass ich das meinem Freund nicht geben konnte.

Ein paar Tage später reisten wir ab. Die Produktion wurde einige Zeit später im ZDF (Frontal 21) ausgestrahlt und sorgte für heftige Diskussionen in Deutschland. Iris starb 2016 im Irak, über ein Jahr nach unserer Produktion. Ich möchte ihr an dieser Stelle für ihren Mut und ihr Engagement danken, auch wenn sie mich in dieser Welt nicht mehr hören kann. So tut sie es in einer anderen Welt. Davon bin ich fest überzeugt.

An der christlichen Front

Im Irak gibt es, wie auch in Syrien, verschiedene christliche Fraktionen. Streitpunkt innerhalb der Communities ist oft neben der Namensgebezeichnung für die eigene Ethnie auch die politische Zugehörigkeit. Die meisten nahöstlichen Kirchen im Irak akzeptieren die Bezeichnung Syrer, Suryoye im Westsyrischen/-Aramäischen oder auch Suraya im Ostsyrischen/-Aramäischen, wenn es um die allgemeine Bezeichnung syrisch-aramäischsprechender Christen im Nahen Osten geht. Da die meisten Christen sich allerdings nicht nur als Religionsgemeinschaft betrachten, beziehen sie sich auf ihre Ethnie. Dann ist oft von Assyrern oder Chaldäern die Rede. In Syrien spricht man des Öfteren von Syriacs, Suryoye oder auch Assyrern, wie auch im Iran. In der Türkei spricht man fast ausschließlich von den Suryanis oder eben auch von Assyrern. Der Begriff Aramäer hat sich in den letzten dreißig Jahren als Gegenentwicklung zum Säkularismus, initiiert durch den Klerus in Europa, entwickelt. Doch die wenigsten Christen nahöstlicher Abstammung bezeichnen sich als Aramäer. Leider hat dieser Namensstreit dazu geführt, dass die Spaltungen innerhalb der christlichen Denominationen sich vertieften. Dem könnte man entgegentreten, wenn man die syrisch- und aramäischsprachigen Christen des Nahen Ostens einfach als Syriacs oder, wie inzwischen im Deutschen gebräuchlich, als »Suryoye« bezeichnen würde.

So verwundert es nicht, dass sich im Irak und in Syrien mehrere christliche Fronten mit bewaffneten Milizen gebildet haben, die sich entlang der eigenen Namensbezeichnung ziehen. Dieser Streit wird von außen sogar noch geschürt, er spaltet und dezimiert die Population der Christen und treibt einen tiefen Keil in ihr soziales Gefüge, der das gesamte Überleben gefährdet. Die einen schließen sich gezwungenermaßen, unter Bewahrung einer eigenständigen Befehlskette, als Miliz den Kurden im Norden an. Die anderen dagegen sehen ihr Heil bei der Regierung in Bagdad, ebenfalls unter Gründung einer teilautonomen Miliz, und würden am liebsten alle Kurden aus ihrem Gebiet jagen. Den Jesiden geht es übrigens nicht besser. Sie reiben sich, zum Teil auf der Suche nach einer eigenen Identität, zwischen den verschiedenen kurdischen Fraktionen ebenfalls auf. Es ist die perfekte und deshalb verheerende Umsetzung des alten Grundsatzes »Divide et impera« (»Teile und herrsche«). Eine Strategie, die die Kolonialmächte, besonders die Briten, meisterhaft beherrschen und die nun in gleicher Tradition von regionalen Akteuren, deren Reichweite bis nach Europa reicht, weitergeführt wird.

Meine Aufgabe ist es deshalb, möglichst neutral über die Geschehnisse zu berichten, ohne mich auf eine Seite ziehen zu lassen. Das ist nicht einfach. Von der eigenen Gemeinde, den eigenen Leuten, den eigenen Verwandten mehr oder weniger des Verrats beschuldigt zu werden, nur weil man nicht blind auf einer Seite steht, kann einen Menschen hart treffen. Doch erkennt man schnell die Gefahr dieses Schwarz-Weiß-Denkens, das viele Gesellschaften des Nahen Ostens durchzieht und keine Akzeptanz und Toleranz zulässt. Gerade deshalb sehe ich im Handeln junger Menschen wie Johan Cosar, dem Schweizer Unteroffizier, der Suryoye, Araber und auch Kurden ausbildet, auch einen unschätzbaren Wert. Geht er doch mit gutem Beispiel voran und zeigt allen anderen deutlich, dass nur Akzeptanz und Zusammenarbeit zum Erfolg führen, wobei »Erfolg« in diesem Fall noch nicht Frieden, aber zumindest Überleben bedeuten. Das Pendant zu Johan Cosar im Irak ist Sherbil Matty. Der Endvierziger hat ebenfalls viel Zeit in der Schweiz verbracht und entschied sich irgendwann, zunächst gegen Saddam und dann für die Suryoye die Waffe in die Hand zu nehmen. Viel Zeit habe ich mit ihm verbracht und gesehen, wie er die christliche Miliz in seiner Heimat gedrillt hat. Oft hat mich Sherbil durch den Irak begleitet. Gemeinsam waren wir an den Front, führten diplomatische Gespräche und teilten Unterkunft, Essen und Gefahren. Menschen wie Sherbil Matty und Johan Cosar sind Idealisten. Sie kämpfen nicht nur für das Recht der verbliebenen Christen, gleichwertig behandelt zu werden, sie tun das mit der Absicht, allen Ethnien und religiösen Gemeinschaften das gleiche Recht zukommen zu lassen. Dafür riskieren sie Folter und das eigene Leben.

Oft bin ich einfach nur entsetzt und traurig zugleich über die Tatsache, dass Deutschland solche Menschen alleine lässt. Selbst als sie sich kurdischen Einheiten anschlossen, wie von deutschen Politikern oft verlangt, wurden sie nicht wie versprochen militärisch versorgt, zumindest nicht im Irak. In Syrien sind die Christen fester Bestandteil des SDF, der gegen den IS vorgeht und während ich noch diese Zeilen verfasse, den Hauptanteil an der Befreiung Raqqas trägt.

Meine Hoffnungen ruhen darauf, dass die Vernunft in naher Zukunft siegt und die indigenen Minderheiten, egal ob nun im Irak oder in Syrien, sich zusammenfinden und wenigstens in einem föderalen System Teilautonomie erlangen. Es wäre zum ersten Mal seit Jahrhunderten eine Chance, sich selbst zu verwalten und vor allem sich selbst zu schützen. Etwas, wozu weder Bagdad noch die kurdische Regionalregierung fähig waren. Gleichzeitig würde der Exodus der Christen und Jesiden aus dem Irak, einem Kerngebiet dieser indigenen Völker, ein Ende haben und vielen Verlorenen Zuflucht und Schutz bieten.

Eine Chance für alle?

In diesem Zusammenhang ist ein Begriff zentral, der Begriff »Rojava«. Er entstammt einem kurdischen Dialekt, Kurmandschi genannt, bedeutet wörtlich übersetzt »Sonnenuntergang« und bezieht sich auf eine Region in Nordsyrien, in der inzwischen vorwiegend Kurden, aber auch Turkmenen, Araber und christliche Suryoye leben. Entlang der Grenze zur Türkei erstreckt sich Rojava fast bis an die libanesische Grenze. Arabische Stammesgebiete trennen allerdings den noch nicht durchgängigen Streifen zwischen dem Kanton Afrin und den Kantonen Kobane und Cizre. Die Türkei als Regionalmacht möchte auf keinen Fall einen durchgängigen Streifen mit kurdischer Dominanz an seiner Grenze haben und begründet militärische Einsätze damit, dass man die arabische Bevölkerung schützen möchte. Doch spielen auch geopolitische Argumente eine Rolle. Sollte das Projekt Rojava tatsächlich fester Bestandteil der Region werden, wäre auch der Energiefluss aus dem Süden, vorwiegend gesichert durch gigantische Pipelineprojekte, in den Händen der neuen Verwalter.

Seit 2012 war ich mehrmals vor Ort und anfangs skeptisch, vieles ist immer noch nicht geklärt; allerdings konnte ich einige Fortschritte beobachten. Im März 2016 wurde die »Demokratische Föderation Nordsyrien« ausgerufen, die bisher von keinem einzigen Staat weltweit anerkannt wurde. In allen Provinzen dürften ungefähr 800.000 Kurden, Suryoye, Araber und Turkmenen leben, Flüchtlinge nicht eingeschlossen. Erklärtes Ziel des neu gegründeten föderalen Systems ist es, Staat und Religion strikt zu trennen. Die Gleichbehandlung aller Ethnien und Religionen steht im Vordergrund wie auch die Gleichbehandlung von Mann und Frau. Die Verfassung fordert für das Parlament eine Frauenquote von 40 Prozent. Tatsächlich beträgt sie bis zu 60 Prozent in den verschiedenen Regionalparlamenten.

Rojava ist ein Versuch, eine Blaupause für den gesamten Nahen Osten zu schaffen, in der Ethnien, Religionsgemeinschaften sowie Frauen und Männer unter einem säkularen und demokratischen Staatswesen gleichberechtigt miteinander leben können. Indirekt unterstützt wird das System nicht nur durch westliche Länder und die Nato. Auch Aktivisten aus den USA, Kanada, Deutschland, Frankreich oder England haben sich auf den Weg gemacht, um für die Idee eines säkularen Gebildes in Nordsyrien zu kämpfen. Eine Entwicklung, die weder im Sinne des NATO-Partners Türkei noch der syrischen Regierung ist. Ebenfalls Uneinigkeit herrscht zwischen den Kurden im Nordirak und den Brüdern und Schwestern in Nordsyrien, die teilweise in kurdisch-kurdischen Konflikten gipfelt. Dabei ist festzustellen, dass ein Teil der Kurden im Nordirak eine andere Form autonomer Strukturen anstrebt als die dominierenden Kurdenfraktionen in Nordsyrien. Doch wurden inzwischen Tatsachen geschaffen, die so einfach nicht mehr rückgängig gemacht werden können.

Einerseits gibt also dieser Versuch Hoffnung. Hoffnung deswegen, weil Kurden, christliche Suryoye, Araber und Turkmenen gemeinsam ein System etablierten, das den Menschen Rechte und Freiheiten zusichert, die es so vorher nicht gab. Angeleitet durch die größte ethnische Fraktion in der Region, den Kurden, baute man gemeinsam eine starke militärische Präsenz gegen den IS auf. Zugleich ist das, was ich in diesem Zusammenhang erlebt habe, auch Grund für Verzweiflung und Fassungslosigkeit. Noch im Dezember 2015, eingebettet in eine Militäroperation, berichtete ich über die massiven Fortschritte des SDF, nur um wenig später mitzuverfolgen, wie die Türkei den Kampf des SDF gegen die Islamisten torpedierte. Ein NATO-Mitglied bombardierte einen von der NATO unterstützen Partner.

Wenn in der jetzigen Situation die Unterstützung für den SDF und damit für Rojava abbricht, wie von der Türkei gefordert, könnte dies verheerende Folgen nicht nur für den Kampf gegen extremistische Kräfte wie den IS haben. Es hätte auch schwerwiegende Konsequenzen für die vielen Flüchtlinge, die in der Region Zuflucht und Schutz gefunden haben. Sollen denn all die oben beschriebenen Fortschritte wieder rückgängig gemacht werden?

Wenn ich mir diese Fragen stelle, so muss ich bitter konstatieren: An die Demokratie habe ich immer geglaubt. Und an die Werte der Demokratie glaube ich immer noch. Doch habe ich meinen Glauben an die »westliche« Politik verloren. Ein junger Mann in Syrien, der gegen den IS kämpfte, sagte einmal zu mir: »Wir sind die letzte Mauer zwischen euch und Daesh (IS). Wenn wir fallen, fällt auch Europa.«

Wie gesagt: Ich glaube zutiefst an die demokratischen Werte. Doch ich verstehe nicht, weshalb man nicht kapiert, dass es nicht eine »Demokratie an sich« gibt. Die Demokratie wie oben beschrieben und vielleicht nicht so exakt umgesetzt, wie wir sie im Westen kennen, ist das einzige System, das die Gleichheit aller in dieser Region garantiert. Dieses System müssen wir schützen. Darauf ruhen meine Hoffnungen und die Hoffnung von Millionen anderer.

Project Peacemaker

Die Erlebnisse und Erinnerungen der letzten Jahre beflügeln meine Gedanken, und eigentlich könnte ich noch Hunderte Seiten füllen. Doch ich muss viele Erfahrungen, die kostbar sind und prägend, überspringen, direkt hin zu einem völlig neuen Lebensabschnitt, der Mitte 2015 beginnt. Beginnt mit einer mehrmonatigen Reise, mehr als 40.000 Kilometer lang, die viel von dem zum Abschluss bringt, was auf- und angebrochen ist in den letzten Jahren. Manche halten mich für verrückt, andere für lebensmüde und wieder andere, meine Eltern zum Beispiel, würden mich am liebsten von diesem Vorhaben abbringen. Die, die mich für verrückt halten, es mir aber aus Gründen der Höflichkeit nicht direkt ins Gesicht sagen, sind meine deutsch-deutschen Freunde, die mit meinem Aktionismus nicht viel anfangen können und bis heute nicht begriffen haben, wie viel Leidenschaft das nahöstliche Christentum, mein Christentum, für mich bedeutet, gepaart mit der Logik und einer strukturierten Denkweise, die ich in Deutschland erlernt habe.

Im April 2015 komme ich von meiner letzten Nahostreise zurück. Noch immer die traurigen Momente und die Gewaltexzesse, die Klagen und das Weinen im Gedächtnis, schmiede ich einen Plan. Mir kommt es manchmal so vor, dass jeder im Westen denkt, alle Bewohner des Nahen Ostens seien nur noch Terroristen, die am liebsten Frauen vergewaltigen und Ungläubigen den Kopf abschneiden. Die mediale Saat des IS ist aufgegangen. Ich weiß natürlich, dass es erstens nicht so ist und zweitens auch nicht alle Europäer so denken. Doch die europaweiten Erfolge der Rechtspopulisten sind für mich ein Antrieb, etwas dagegen zu tun. Die Idee ist simpel: Ich will mich mit Kamera, Smartphone und jeder Menge Improvisationstalent auf den Weg machen, um Menschen, einfache Menschen eben, im Nahen Osten zu treffen. Solche, die trotz allem noch an den Frieden glauben. In Istanbul will ich starten, weiter reisen über Antakya und die türkisch-kurdischen Gebiete nach Georgien, Armenien, Syrien, den Irak und Iran. Um es vorwegzunehmen: Von September 2015 bis März 2016 lege ich 40.000 Kilometer zurück, schieße mehrere Tausend Bilder, veröffentliche über 180 Artikel, führe unzählige Interviews und Gigabytes an Videointerviews. Ich sehe wieder viel Leid, aber eben auch viel Spaß und Hoffnung. Und ich bekomme mit, wie das »Project Peacemaker« beginnt, Wellen zu schlagen; die Medien fragen an, und nach meiner Rückkehr sagt ein Mann bei einem Workshop in Berlin zu mir: »Sie sind doch der mit dem Project Peacemaker.« Der Mann ist Joachim Gauck und Bundespräsident.

»Ich rede mit dir, weil du der Jugend angehörst«

Das wichtigste Projekt meines Lebens begann mit einer schallenden Ohrfeige. Zumindest fühlten sie sich so an, die Worte des Generalvikars des Patriarchats der Syrisch-Katholischen Kirche in Istanbul: »Was wollt ihr Journalisten wieder hier, ihr könnt doch ohnehin nichts bewegen. Euch fehlt der Glaube.« Als mich der über sechzig Jahre alte und im Tur Abdin auf die Welt gekommene Geistliche näher betrachtete, meine Lederjacke, die Turnschuhe dazu und das Emblem der »Peacemaker-Tour« auf meiner Schulter sah, schien er doch den Drang zu verspüren, mir gerade wegen meines jugendlichen Auftretens eine Audienz zu gewähren. Kaum hatte ich den Gedanken zu Ende gebracht, sagte er: »Nicht, dass es etwas bringt, aber ich rede mit dir, weil du der Jugend angehörst.«

Die zweite Ohrfeige kassierte ich, als mich der an Ahab aus dem Roman »Moby Dick« erinnernde Geistliche darauf aufmerksam machte, dass kein Geistlicher zwischen uns und Gott stehen dürfe. Gott allein sei vollkommen. Dabei überraschte er mich mit einer philosophischen Denkrichtung, die ich so nicht von ihm erwartet hätte: »Wenn ich als Buddhist auf die Welt gekommen wäre, wäre ich Buddhist. Als Muslim ein Muslim und als Jude ein Jude. Oder sogar Atheist.« Was sollte Gott, oder die Kraft, die Gott darstellt, dazu bewegen, den einen zu bevorzugen und einen anderen nach hinten zu stellen? Der Mensch entscheidet nicht, in welche Welt er hineingeboren wird. Wichtig ist, was er daraus macht. Vater Yusuf erklärte mir so seine Sicht und präsentierte mir danach stolz seine Bibliothek mit Schriften, teilweise mehrere hundert Jahre alt, die er eingehend untersucht und studiert hatte. Dann band er mit allergrößter Vorsicht mehrere Korane auf, zwei davon auf Kurdisch und Farsi. Nachdenklich die Stirn runzelnd erklärte er mir, dass die arabische Version des Korans mehrere Textpassagen in Aramäisch enthalten würde. Das hatte ich noch nie zuvor gehört. Ich war beeindruckt, doch die nächste Ohrfeige wartete schon auf mich: Ich sollte einige Schriften in Aramäisch lesen. Da ich als Kind das letzte Mal Texte in aramäischer Sprache gelesen und geschrieben hatte, fiel mir das enorm schwer. Der Geistliche mahnte mich sofort: »Wenn du keinen Respekt vor der Schrift hast, wirst du Kulturen und Religionen nie verstehen. Und damit das Ziel verfehlen, Frieden zu schaffen.«

Eris – Oliven und der Weg zum Frieden

Ich hatte in der Türkei aufwühlende Tage hinter mir. War bei den Wahlen gewesen, hatte die explosive Stimmung hautnah miterlebt und das Gefühl, dass dort etwas im Umbruch war, man es aber nur schwer fassen konnte. Wir waren nun auf dem Weg nach Tokacli, wo wir einen Geistlichen der Rum-Orthodoxen Gemeinde besuchen wollten. Kurz vor dem Dorf trafen wir auf Eris, einen jungen Schweizer-Deutschen, der uns hilfsbereit den Weg in das Dorf zeigte. Wir verabredeten uns zu einem Gespräch.

Eris ist das Kind von Flüchtlingen. Aus politischen Gründen musste der Vater, der heute als Psychiater in der Schweiz lebt und arbeitet, die Türkei verlassen. Eris war damals fünf. Es dauerte, bis er sich in der neuen Heimat zurechtfand. Er studierte Journalismus, machte dann in anderen Bereichen Karriere, erfüllt war er jedoch nicht. Es fehlte ihm etwas. Was sollte er tun? Eris beschloss, das Erbe seiner Eltern anzutreten und Biooliven nahe der syrischen Grenze anzubauen.

Eine verrückte Idee? Vielleicht, besonders in diesen Zeiten. Für Eris aber nicht nur ein Schritt auf dem Weg zu sich selbst, sondern auch auf andere zu: »Der eigentliche Krieg, den sie hier haben, ist der Kampf ums Überleben«, stellte er fest und erklärte weiter, dass es gerade für die Flüchtlinge wichtig sei, Zeichen zu setzen. Ihnen Perspektiven aufzuzeigen, mit technologischem Know-How neue Trends aufzugreifen, wie zum Beispiel die »Slow-Food« Bewegung, die gerade auch in der Türkei Einzug hält.

Eris löste bei mir durch diese Erklärung Ehrfurcht aus, und seine Entscheidung schien mir bedeutender als viele der Versprechen und Millionenzusagen manch eines Staates, restauriert werden. Doch auch das nur ein Anfang – ein hoffnungsvoller allerdings.

Granatapfelklopfen auf den Spuren des Musa

Zwischen 1915 und 1918 fand ein Völkermord an den Christen der Türkei statt, der bis zum heutigen Tag nicht aufgearbeitet wurde und für politische Brisanz sorgt. Der heutigen Bevölkerung in der Türkei, die in vielerlei Hinsicht bestrebt ist, einen Dialog zu suchen, ist nicht die Schuld zu geben an dem, was in der Vergangenheit passiert ist. Und deswegen beginnt Versöhnung zunächst im Dialog.

Das letzte armenische Dorf in der Türkei, nahe am Berg »Musa Dagi« gelegen, dessen Bewohner die Nachfahren der damals Vertriebenen sind, zeigt beispielhaft, wie Versöhnung funktionieren kann. Vater Trifon, unser geistlicher Beistand von der Rum-Orthodoxen Kirche, begleitete uns auf unserer Reise dahin. Im Dorf angekommen und mit den richtigen Ansprechpartnern vor mir, löste ich mein Versprechen ein, das ich Kemal Balkan, einem Deutsch-türkischen Künstler in Deutschland, gegeben hatte. Ich überreichte dem Dorf ein Kunstwerk, das Kemal als Zeichen der Versöhnung dem letzten Dorf der Armenier gewidmet hatte. Einen schöneren Ort, eingebettet in eine friedliche Landschaft, in der Frauen und Männer in Harmonie und Ruhe aus den Trümmern etwas so Wunderbares aufgebaut haben, findet man nur schwer. Ein Symbol, das das Zusammenleben der Völker demonstriert. Im dorfeigenen Laden betrachtete ich die Produkte, die das Dorf für den regionalen Handel produziert. Olivenöl, Seife, Marmelade made in »Vakyfli Köyö« wurden zum Verkauf angeboten. Besonders die Produktion des »Granatapfelsirups«, dem heilende Wirkung nachgesagt wird, hatte es mir angetan. Unter dem Gelächter älterer Hausfrauen misslang es mir jedoch, dabei zu helfen, die Kerne aus den Früchten zu schlagen.

Doch immerhin konnte ich mit einem Lächeln auf dem Gesicht diesen schönen Ort verlassen, der Hoffnung aufkeimen lässt, wenn es um einen Neuanfang geht – und wenn dieser mit Granatapfelsirup beginnt.

Nach diesem kurzen Zwischenhalt machte ich mich irgendwie beflügelt, aber auch gespannt auf den Weg nach Mardin, denn dort sollten einige entscheidende Treffen vor mir liegen. Ungefähr 250 Kilometer westlich von Mardin liegt Sanliurfa, das für die Christenheit so geschichtsträchtige frühere Urfa. Einige Tage zuvor hatte der IS dort zwei junge Syrer enthauptet, die aus dem Untergrund über die Lage in Raqqa, der Hauptstadt des IS, das knapp 150 Kilometer südlich von Sanliurfa liegt, berichtet hatten. Der Arm des IS reicht längst über die Grenze, sei es mit Waffenhandel, Schmuggel, Erpressungen, Entführungen oder Morden. Das Ganze war längst ein blühendes Geschäft geworden. Milizen aus dem Irak und Syrien deckten sich hier ein, für 500 bis 600 US-Dollar bekam man eine AK 47. Der Weg nach Europa war teurer, aber ebenfalls zu kaufen, man zahlte zwischen 5.000 und 10.000 Dollar. Sogar syrische Ausweise wurden angeboten, für knapp 2.000 Dollar. Früher lag man bei der Hälfte, doch nach dem »Wir schaffen das« der deutschen Kanzlerin hatte sich der Preis verdoppelt. Sogar Sprachkurse wurden angeboten, um die Tarnung perfekt zu machen – ich dachte mit Sorgen daran, dass daheim in Deutschland kaum einer von diesen Vorbereitungen eine Ahnung hatte. Oder haben wollte.

Weiter ging es, nicht nach Deutschland, sondern nach Mardin. Mich beschäftigte nach wie vor die Frage, wie Frieden möglich sein könnte im Nahen Osten, wie man diese Region, die so lange gelitten hatte, in der so viel zerstört war, Städte wie Menschen, wiederaufbauen konnte. Und mir war klar: Der Schlüssel dazu waren die Frauen.

Nun, um ehrlich zu sein, so klar war mir das am Anfang gar nicht. Die Ahnung begann sich zu verfestigen, als ich Leyla Ferman, promovierte Politikwissenschaftlerin, traf.

Ihre Eltern, Jesiden aus Midyat und Batman, gingen einst aus Südostanatolien als Gastarbeiter nach Deutschland, und der Rest der Familie folgte, um in Deutschland und Europa Schutz zu suchen. Leyla schrieb ihre Dissertation über »Dezentralisierung und ethnische Konflikte« und legte ihren Fokus auf die »Kurdenfrage« in der Türkei.

Wir unterhielten uns über die Ursachen und Umstände von Konflikten, über eingeschränkte Menschenrechte, wirtschaftliche Perspektivlosigkeit, starke Migration in die Großstädte wegen fehlender Infrastruktur in ländlichen Regionen und andere Dinge. Leyla Ferman sprach dann über die Situation in der Türkei und stellte schließlich fest, wir waren ja kurz nach der Wahl: »Viele Bürger der Türkei erhofften sich mit der Stimmabgabe für die AKP Ruhe im Land, eine starke Hand. Allerdings wird dies angesichts der anhaltenden Verhaftungen Oppositioneller, Repressionen, Ausgangssperren etc. auf Kosten der Demokratie gehen. Dies wurde vielen Bürgern während des Wahlkampfes durch einseitige Berichterstattung der Medien, die mehrheitlich der AKP nahe sind, suggeriert.« Der andere Weg, der demokratische, sei wesentlich schwieriger, so die Politikwissenschaftlerin. Der aber sei es wert, und deshalb hatte sie sich dafür entschieden, die nächsten Jahre an vielen Projekten der Stadt Mardin mitzuwirken, um gemeinsam mit allen Ethnien neue Perspektiven zu schaffen.

Das Gespräch mit Leyla Ferman war eines von mehreren mit jungen Frauen, die mir klar machten, wer eine friedliche Zukunft, wer Perspektiven eröffnen würde. Wenig später traf ich Februniye Akyol Akay, gerade 27 Jahre alt und bereits seit über einem Jahr die zweite Bürgermeisterin der Provinzhauptstadt Mardin in der gleichnamigen Provinz in der Südosttürkei. Das in einer Gegend, in der es aufgrund der ethnischen Spannungen zwischen Kurden und dem türkischen Militär immer wieder zu Konflikten kommt. Und in einer patriarchalischen Struktur, in der Frauen normalerweise die klare Rolle als Hausfrau und Mutter zugewiesen bekommen. Februniye ist jung, tough und selbstbewusst. Beim Gespräch mit dem Mitglied der pro-kurdischen HDP ließ sie den Gesprächspartner nicht aus den Augen. Die angehende Masterstudentin für syrische Sprachen, die den Suryoye angehört, setzte ihre Punkte und Argumente präzise: Gleichberechtigung für Mann und Frau, mehr Rechte für Minderheiten, eine liberale Politik in Zusammenarbeit mit dem Staat, Teilhabe für alle und nicht nur für eine kleine, immer reicher werdende Elite. Die Vize-Bürgermeisterin fand klare Worte, kritisierte die jüngsten Wahlen, zeichnete ihr Bild von einer funktionierenden Demokratie. Nicht mit einem naiven, sondern einem klaren Blick für die Verhältnisse in der Türkei.

Während ich der 27-Jährigen zuhörte, konnte ich die aufkeimende Hoffnung förmlich spüren. Da war eine weitere Vertreterin einer neuen Generation, die jung war und stark und keine Angst hatte, Veränderung einzufordern. Einer Generation, die auch von Frauen getragen wurde, Frauen wie Februniye. Zum Abschied brachte sie mich zur Pforte des

Rathauses und zeigte auf das das Eingangsschild. Es war in vier Sprachen beschriftet: in Türkisch, Kurdisch, Arabisch und Aramäisch. Während ihre Augen glänzen und sie provokant lächelte, verabschiedete mich Februniye Akyol Akay mit dem Satz: »Das gibt es nur bei uns und sonst nirgends in der Türkei.« Ich konnte nicht widersprechen und wollte es auch nicht.

»Wir Christen haben genug Vertreibung erlebt«

Es waren Tage der Hoffnung und des Aufbruchs gewesen, meine Suche nach Frieden schien erfolgreich zu sein, zumindest in Momenten und an manchen Stellen. Als ich jedoch nach Hakkari kam, da zeigte sich die Hoffnung in einem anderen Gewand. Unweit des assyrisch-christlichen Dorfes Hassane, nicht weit von der irakischen Grenze gelegen, traf ich auf Yusuf mit seinen tiefliegenden, müden Augen. Wir standen zwischen den Hügeln, und er zeigte auf das Tal. Wir waren noch nicht in Hassane, wo der 55-jährige Wiesbadener, der 1989 nach Deutschland emigriert war, herstammte.

Yusuf wechselte in den ostsyrischen Dialekt, auch »Madenkhaye« genannt, und beschrieb in dieser uralten Sprache seiner Vorfahren die Umstände, die ihn und andere Bewohner des Dorfes dazu gezwungen hatten, über Nacht die Heimat zu verlassen. Bis in die Neunzigerjahre hinein herrschte eine Art Guerillakrieg zwischen dem militärischen Arm der PKK und dem türkischen Militär. Die Suryoye wurden damals vom Militär gezwungen, innerhalb kürzester Zeit die Häuser zu räumen, ohne Begründung. Nur das Notwendigste im Gepäck, oft als Familien mit Kindern, waren sie gezwungen, eine neue Bleibe zu finden. Ohne Unterstützung des Staates schlugen sich viele bis in die Großstädte durch. Viele flüchteten nach Belgien, Frankreich und eben Deutschland, so wie Yusuf.

Der ergraute Mann zeigte mir nach dieser Schilderung die Obstbäume, die er angepflanzt hatte. Quitten, Granatäpfel, Feigen: »Hier, in diesem Tal, hat die Natur früher viele Familien ernährt.« Dank des Schmelzwassers aus dem Gebirge sei das Tal sehr fruchtbar und alles gedeihe in Hülle und Fülle – wenn man sich des Bodens annimmt. Wie auch der Kirchen und der Gräber, von denen es hier so viele gibt. Yusuf zeigte mir das Grab eines Freundes, er versucht es zu pflegen. »Verstorben am 28.08.78« seht dort. Was nicht dort steht: Yusufs Freund wurde einst ermordet und enthauptet. »Einfach, weil man uns Christen hier nicht mochte«, stellte Yusuf fest und fügt hinzu: »Auch jetzt hat man uns gesagt, wir sollen wieder gehen. Gerade jetzt, nachdem wir die Genehmigung erhalten hatten, zurückzukehren.«

Doch sie werden bleiben, Yusuf und sein mindestens genauso alter Kompagnon, der aus Belgien angereist ist. Gemeinsam wollen die zwei alten Männer die Kirche wieder aufbauen, dem Dorf neues Leben einhauchen. Sie wollen sich nicht mehr vertreiben lassen; Flucht und Vertreibung hätten die Christen in dieser Region zu oft erlebt, sagen sie. Sie würden ihre angestammte Heimat nicht noch einmal verlassen – und wenn sie die letzten zwei assyrischen Christen von Hassane sein sollten.

Land des Widerstands, Land der Trauer

Dort stand ich also, an dem Ort, der für den Untergang fast meines ganzen Clans stand. Neun von zehn Mitgliedern unserer Familie ermordet, in nur vier Jahren zwischen 1915 und 1918. Ich stand vor der Ewigen Flamme, in dem Komplex des Genozid-Mahnmals und seines Museums in Jerewan, und versuchte, irgendwie die Fassung zu bewahren. Ich sah Bilder vor mir und ich wusste nicht, welche ich schon wirklich gesehen hatte und welche nicht, welche aus Beschreibungen des Völkermords an uns stammten und welche ich selbst gesehen hatte, im Irak und in Syrien. Wut stieg in mir auf. Wut auf die Bestien, ja ich fühlte »Bestien«, die damals wie heute Unsägliches tun, die Existenzen vernichten, Existenzen kleiner Kinder, junger Frauen, ganzer Familien, kompletter Dörfer. Und ich fühlte eine Wut auf »den Westen«, der heute wie damals zusieht, nicht genug tut, nicht einschreitet, die Verzweifelten im Stich lässt. Genau einhundert Jahre nach dem Völkermord und wieder stand die Welt feige am Rand – ich konnte und wollte 1915 und 2015 nicht trennen.

Zum Glück war ich an diesem Ort nicht allein, unter anderem begleitete mich Professor Anhahit Khosroeva, die an der Northpark University in Chicago lehrt und im Bereich der Genozid-Forschung als Expertin gilt. Ich war gerade erst angekommen, nachdem ich zuvor Georgien durchquert hatte. Dort hatte ich den Songwriter *Benjamin Bitmalkishev* getroffen, dessen Familie aus dem Gebiet stammt, aus dem ich gerade gekommen war, Hakkari. Seine Erzählungen von Vertreibung und der Suche nach Heimat und Identität hatten mich erschüttert, aber zugleich nicht vorbereiten können auf das, was ich vor der Ewigen Flamme fühlte und dachte.

Ich hatte die Geschichte meiner Heimat ausgiebig studiert. Das Königreich Urartu lag ursprünglich am Vansee. Historisch belegt verbündete sich dieses 850 v. Chr. unter König Arama von Arzaskun mit dem aramäischen Stadtstaat »Bit Agusi« (»Haus Agusi«) gegen die Assyrer. Nach mehreren Auseinandersetzungen erblühte Urartu unter der Herrschaft des Königs Menuas (etwas 810–785 v. Chr.), bevor es in den Jahren danach von den Assyrern doch vernichtend geschlagen wurde. Es folgten als Besatzer Perser, Römer, Araber, Osmanen sowie die Eingliederung in das Sowjetreich. Im Laufe der Zeit entwickelte sich Urartu zu dem, was es heute ist: Armenien. König Trdat III, Heiliger und Gründer der armenischen Kirche aus dem Haus der Arsakiden, beanspruchte 301 n. Chr. den Thron für sich und verankerte damit die Lehre Jesu als Staatsreligion in seinem Königreich. Ab 400 n. Chr. besetzten die Sassaniden das Land und versuchten der Bevölkerung den zoroastrischen Glauben aufzuzwingen. Von 451 bis 484, bis die Sassaniden das Christentum vollständig anerkannten, kam es zu einem blutigen Guerillakrieg. Das armenische Volk entwickelte diese Art der Kriegskunst bis zur Perfektion und sicherte sich dadurch, gestützt auf einen fest verankerten Glauben, das eigene Überleben, das in den darauffolgenden Jahrhunderten immer wieder in Bedrängnis geriet.

Viele der folgenden Besatzer waren sich der »asymmetrischen« Kriegskünste der Armenier, aber auch ihrer hervorragenden diplomatischen, handwerklichen und kaufmännischen Eigenschaften bewusst. Besonders das Osmanische Reich setzte auf der einen Seite viele Armenier in der Verwaltung und in den administrativen Abläufen des Staates ein, fürchtete aber auf der anderen über die Zeit hinweg deren Widerstand. Das Kalifat schaffte es auch nicht, das christliche Gedankengut bei den Armeniern durch die Lehre des Islam zu ersetzen.

Die Angst der Neutürken vor der inneren Stärke der Armenier, deren nationales Bindeglied seit der Staatsgründung das Christentum war und ist, bereitete nicht nur der neuen Elite des Osmanischen Reiches Sorge. Auch westliche Großmächte, zum Beispiel das Deutsche Kaiserreich, ließen den Völkermord zwischen 1915 und 1918 geschehen, unterstützt sogar durch die Schaffung der Eisenbahn. Diese Geschichte lässt verstehen, was Christentum, Identität und Widerstand für mein Volk bedeuten. Oft sieht man dort Steinstatuen der einst mächtigen Könige und Königinnen, in der einen Hand das Evangelium, in der anderen das Schwert: beides Instrumente des Widerstandes. Für mich waren das nicht nur zwei Symbole. Das waren Grundpfeiler meiner eigenen Geschichte und meiner Identität. In Jerewan wurde mir noch mehr bewusst, woher ich kam – und wohin ich sollte. An diesem Tage verstand ich noch mehr, was Menschen wie Johan Cosar und die anderen antrieb. Was Widerstand wirklich bedeutete.

Auf die nächste Etappe dieses äußerst anstrengenden Tages war ich nun besser vorbereitet. Der Besuch des Denkmals für die ermordeten orientalischen Christen, in Armenien und Georgien ausschließlich als Assyrer bezeichnet, ließ mich noch tiefer über meine Identität und meine Zukunft nachdenken. Ich dachte an die Textpassage, die im Osmanischen Reich die Scharia als Rechtsgrundlage verankert und damit automatisch die Menschen in eine Zweiklassengesellschaft unterteilt hatte. Ich erinnerte mich an die Gespräche, die ich schon mit hoffnungsvollen Menschen geführt hatte, und damit wuchs eine Überzeugung in mir: Natürlich müssen die Gelehrten der islamischen Welt, wie teilweise bereits geschehen (man denke an den offenen Brief an den »Kalifen« Abu Bakr al-Baghdadi), den Terror verurteilen, sich davon lossagen, gedankliche Grundlagen für Gleichberechtigung und Frieden schaffen oder unterstreichen. Zugleich muss aber auch der Westen die Geschichte anerkennen, ansonsten gilt das, was George Santayana gesagt hat: »Those who cannot remember the past are condemned to repeat it – Wer sich nicht an die Vergangenheit erinnern kann, ist dazu verdammt, sie zu wiederholen.«

Dazu gehört die Anerkennung des Völkermordes an den Armeniern, Suroyoye (Assyrern, Chaldäern, Aramäern), den Pontos-Griechen und anderen christlichen Volksgruppen; nicht nur von der Türkei, sondern auch von Deutschland und anderen Ländern. In diesem Zusammenhang durchlaufe ich gedanklich die Gespräche mit politischen Institutionen in Deutschland, die sich zur Elite zählen und in der Theorie für alles eine Erklärung haben, um am Ende doch nichts in den Händen zu halten. Nicht alle. Aber nach wie vor viele.

Schlüssel zum Frieden

An Drohungen hat er sich längst gewöhnt, Imam Kanaan N. Ahmad Haji Karwan, und an das Gefühl, in Lebensgefahr zu schweben, auch. Der Imam ist zweithöchster Vertreter des Institutes für religiöse Fragen im Irak und Mitglied im kurdischen Regionalparlament. Und er ist ein Beispiel dafür, dass es sie gibt, die Muslime und islamischen Gelehrten, die sich dem IS entgegenstellen, die gegen eine Interpretation des Islam kämpfen, die Religion pervertiert. Er ist auch ein Beispiel für die vielen Personen, die ich auf meiner nächsten

Tour durch den Irak und durch Syrien treffen sollte und die alles für ihre Überzeugung gaben.

Als ich den Imam in Erbil traf und er von seiner Arbeit mit den Flüchtlingen erzählte, von seiner offenen Kritik am IS und dessen Ideologie, von seinen Versuchen, den Islam als Religion des Friedens zu lehren, musste ich an die Pauschalverurteilungen gegenüber Muslimen und Imamen im Besonderen denken. Dieser Mann, der für seinen Einsatz für Christen und Jesiden und das Zusammenleben aller Religionen täglich mit dem Tode bedroht wird, war das beste Beispiel für die Borniertheit und Falschheit dieser Pauschalisierungen. Imam Kanaan N. Ahmad Haji Karwan bedeutete für meine Reise durch den Irak und Syrien einen Auftakt, der Wege weisen konnte – der aber zugleich auch zeigte, dass Religion ein Faktor für Frieden und Stabilität sein kann, aber allein nicht ausreicht. Was noch fehlt, das sollten die kommenden Tage und Wochen zeigen.

Tage nach meinem Treffen mit dem mutigen Imam fuhr ich zum Parlamentsgebäude der Kurdischen Regionalregierung. Ich war eingeladen vom Hauptverantwortlichen für mediale Aktivitäten, Zagros Ahmed Kamal, Senior Media Advisor des kurdischen Parlaments im Irak. Ich passierte zahlreiche Sicherheitskontrollen, gerade erst hatte Abu Bakr al-Baghdadi die Vernichtung der »Kufir«, der Ungläubigen, befohlen – und die Kurden gehören für den »Kalifen« und seine Anhänger zu den »Kufir«, obwohl sie Muslime sind. Das Gespräch mit Kamal war interessant und er lud mich zum Abendessen ein. Mit einem gepanzerten Fahrzeug und Bodyguards geht es zu ihm nach Hause, der Media Advisor wird nie aus den Augen gelassen. Seine Hauptaufgabe sieht er darin, die Propaganda des IS zu entschlüsseln. Der IS hat die Deutungshoheit über viele Berichte gewonnen, er inszeniert sich und seine Taten, wirkt so für potenzielle Mitkämpfer aus aller Welt attraktiver. Der »Cyber-Dschihad« nimmt eine entscheidende Rolle ein, lockt zum einen ausländische Kämpfer ins Land, die ihren sadistischen Gelüsten nachgehen, und schafft zugleich außerhalb eine Atmosphäre von Angst und Fatalismus, dem Nährboden der teuflischen Saat des IS. Kamal hatte nach dem Sturz Saddam Husseins versucht, eine freie Medienlandschaft in der Region aufzubauen, die jetzt gegen den IS mit den Mitteln der Kommunikation kämpfen sollte:

»Früher gab es nur staatlich kontrollierte Medien. Heute über 1000 Plattformen, die alle frei agieren können. Die meisten davon privat finanziert«, so der Medienprofi.

Im Haus meines Gastgebers angekommen, wurde ich von seiner Familie begrüßt, seine Tochter empfing mich in perfektem Englisch – für Kamal eine Grundbedingung für ein Weiterkommen seines Landes. Wir aßen das traditionelle Gericht »Dolma«, gefüllte Weinblätter, und sprachen über die Zukunft des Landes. Kamal erzählte, dass er seit fast vierzig Jahren nichts anderes als Krieg und Konflikte kenne und fragte, mehr für sich als an mich gerichtet: »Wann gibt es endlich Frieden?« Mit traurigen Augen blickte er dabei seine Tochter an. Und antwortete auf meine Frage, ob seine Familie nicht emigrieren wolle, zum Beispiel nach Deutschland: »Nein! Hier ist unsere Heimat, hier ist unsere Zukunft.« Und er senkte den Kopf.

Mutige Frauen für die Zukunft der Region

Ich hatte es in der Türkei bereits erlebt, im Irak erlebe ich es nun wieder: die Schlüsselbedeutung der Frauen für eine friedliche Zukunft. Meine Meinung ist klar: Kriegerische Handlungen und aggressive Diplomatie sind auch das Produkt fehlenden weiblichen Einflusses. Mehr noch: Frauen sind entscheidend bei Erziehung und Bildung und das wiederum sind Garanten eines funktionierenden Zusammenlebens. Wie wichtig das ist, zeigte mir ein Gespräch in Erbil mit Nilifer Koc, Ko-Vorsitzende des Kurdistan National-Kongresses. Wir diskutierten über die Rolle der Frau in der nahöstlichen Gesellschaft, über ihr Schicksal als die »Unterdrücktesten der Unterdrückten in einer patriarchalischen Gesellschaft«, wie es Koc ausdrückte. Die derzeitige Situation der Frau im Nahen Osten ähnelt sich in vielen Regionen. Das Patriarchat, egal ob christlich, jesidisch, schiitisch oder sunnitisch geprägt, hat nur unterschiedliche Ausprägungen. Gewalt richtet sich zuerst gegen Frauen, weil der männliche Teil der Gesellschaft gerade dadurch gebrochen werden soll. »Eine Gesellschaft zu brechen, ohne dass diese Widerstand leistet, geschieht immer durch Gewalt an Frauen«, so Koc und ergänzte: »Wir verlangen nicht vom Sklavenhalter, uns die Freiheit zu geben. Die Freiheit liegt in unserem eigenen Interesse.« Und im Interesse der gesamten Region.

Um diese Freiheit aber zu erringen, brauchen die Frauen Bildung. Ein Beispiel dafür, was Bildung bewegen kann, was Frauen bewegen können, ist Meriam. Gebürtig in Bagdad, zog sie mit ihrer Familie nach Karakosch, eine christlich geprägte Stadt in der Nähe Mossuls. Meriam studierte dort Linguistik, bis die Hölle für Christen und Jesiden losbrach, als der Islamische Staat Mossul und Umgebung überrannte. Mehr als 100.000 Christen mussten in kürzester Zeit ihre Heimat verlassen, auch Meriam floh. Es ging in die Autonomieregion Kurdistan, wo sie zwar Schutz fand, aber wenig Perspektiven. Und so beschloss Meriam, in dem von der Regierung unterstützen »International Committee For The Rights of Indigenous Mesopotamians« (kurz ICRIM), das auch enge Verbindungen zu Amnesty International und dem UNHCR pflegt, sich für die Bildung von Frauen und Kindern einzusetzen. Mehr als 200 Frauen betreute die Organisation, als ich Meriam traf, psychologisch vor allem, aber auch im Hinblick auf das Erlernen eines einfachen handwerklichen Berufes. Es sind kleine Ansätze, die aber Grundlagen legen, legen könnten. Wenn es mehr Menschen wie Meriam gibt – und Unterstützung von außen.

Meine Tage in Erbil und Umgebung hatten mich einiges gelehrt, vor allem in Bezug auf die Bedingungen und Faktoren, die nötig waren für Frieden, länger anhaltenden Frieden. Doch zunächst einmal ging es für mich in den Krieg, direkt an die Front, wo nordwestlich von Kirkuk die Peschmergas dem IS gegenüberstanden.

Trotz der anfangs viel schlechteren Bewaffnung der Peschmergas kam diesen die jahrelange Erfahrung aus dem Guerillakrieg zugute, sie konnten den IS erst aufhalten und dann langsam zurückdrängen. Strategisch bedeutende Einrichtungen wie Wasserzufuhrstraßen, Kreuzungen und Ölquellen wurden mit Unterstützung aus der Luft und in koordinierter Absprache mit den Alliierten eingenommen, die Peschmergas bildeten dabei die Kampfeinheiten am Boden.

Die Kampfmoral der Peschmergas, die ich an der Front erlebte, war immens. Zugleich machte mir Dr. Kemal Kirkuki, früherer Vorsitzender des Regionalparlaments Kurdistans, Verantwortlicher für die Öffentlichkeitsarbeit der KDP und seit seiner Jugend überzeugter Peschmerga und Freiheitskämpfer, klar, dass auf Dauer die Moral nicht gegen die überlegene Bewaffnung der Dschihadisten ankommen würde. Gemeint waren vor allem die erbeuteten irakischen Bestände amerikanischer Bauart, die die irakische Armee kampflos dem IS überlassen hatte. Schwer gepanzerte und gut gerüstete Fahrzeuge, die, sofern kein Widerstand geleistet wird, die gegnerischen Reihen durchbrechen und immensen Schaden anrichten. Einfache Geschütze können gegen einen gepanzerten Humvee, die militärische Version des bekannten Geländefahrzeuges, nicht viel ausrichten. Panzerbrechende Waffensysteme sind dazu nötig, doch auf die Lieferungen musste man lange warten.

Während ich die Front weiter bereiste, wurde mir, gerade auch durch die Gespräche mit Kemal Kirkuki, bewusst, dass die Front zwischen den Ethnien mindestens so gefährlich war wie die zum IS. Mir wurde klar: Der Irak als einheitliches Gebilde ist gescheitert und hat so keinen Fortbestand mehr. Sunniten werden niemals eine schiitische Herrschaft akzeptieren, umgekehrt genauso wenig. Kurden werden sich weder einer sunnitisch noch einer schiitisch dominierten Politik beugen. Die Gräben, aufgerissen beispielsweise durch die Gasangriffe Saddam Husseins auf das kurdische Volk, sind zu tief.

Bei den sunnitischen Stämmen ist oft die Grenze zwischen IS-Unterstützern und der einfachen Bevölkerung verschwommen. Am gleichen Tag kann es vorkommen, dass derselbe Stamm morgens noch Bagdad unterstützt, am Abend aber dann den IS. Nur, um am nächsten Tag wieder die Seiten zu wechseln. Was bleibt? In diesen Tagen nur der

Glaube an ein Sunnistan, Schiitistan und Kurdistan. Der Irak als Staat kann so nicht mehr existieren.

Für Kurdistan bedeutet das zahlreiche Balanceakte. Mit den dann vielleicht neu vorhandenen genauso wie mit dem bereits bestehenden Nachbarn, mit der Türkei. Wirtschaftlich bereits eng verwoben bleibt das Verhältnis schwierig, auch geprägt beispielsweise durch innertürkische Konflikte zwischen der pro-kurdischen HDP und der AKP, der Erdoğan-Partei. Denn mit jedem Meter an der Front entlang wurde deutlicher: Die Männer und Frauen, die hier kämpften, die hier bluteten und starben, die gaben ihr Leben nicht für den Irak, die Türkei oder die Verteidigung des Westens. Die Peschmergas, frei übersetzt »die, die dem Tod ins Auge sehen«, warfen sich dem IS entgegen für ihre Freiheit, ihre Freiheit in einem eigenen Staat. Sie bezahlten einen hohen Preis und es wäre naiv zu glauben, daraus würden sie keine Ansprüche für sich ableiten. Jedes Stück Land, jede Straße, jedes Haus, das der IS zurücklässt, ist vermint. Es sind wahrscheinlich mehr Peschmergas Opfer der Minen geworden, als im direkten Kampf gefallen sind. Spricht man über das »Danach«, so darf das nicht vergessen werden: Der Aufbau wird weitere Opfer fordern. Dass die Bewohner Kurdistans dazu bereit waren, konnte ich spüren. Doch eben nicht ohne Gegenleistung.

Meine Suche nach der Menschlichkeit

Ich hatte Erbil verlassen und sollte zu dem Ort reisen, der mir, noch lange danach und schon zurück in Deutschland, Albträume bereiten sollte, wieder und wieder, vor allem in der Nacht. Eigentlich waren es weniger Albträume als Gedanken,

Erinnerungen, zumindest Fetzen davon. Sie kamen zusammen mit Wut und Hass, mit einer unglaublichen und unfassbaren Aggression, die ich schon überwunden geglaubt hatte. Ich lief im Schlaf wieder und wieder über die Massengräber in der Ninive-Region. Ich blickte zu Boden, sah Kleidungsstücke, hauptsächlich von jesidischen Frauen und Kindern. Verscharrt, weiter hinten in einer Grube. Kurze Zeit später hielt ich ihre zertrümmerten Schädelknochen in den Händen. Die Bilder kamen, Nacht für Nacht, und damit auch der Hass. Ein Hass, der mir Angst machte. Dunkel und klebrig. Mit einem üblen Geruch, den ich nicht los wurde. Ich fühlte mich schuldig, weil ich nicht mehr tun konnte als reden, Daten erfassen, berichten, analysieren. Wie eine Maschine – und so war ich irgendwie auch geworden. Ich funktionierte. Das war wichtig in diesen Gebieten, wichtig für mich und auch für meine Begleiter. Für Rone, meinen erfahrenen Kameramann aus Erbil. Für Gabriel, den Familienvater, der durch den IS fast alles verloren hatte und gerade noch das Leben seiner Liebsten retten konnte. Wichtig für unsere jesidischen Begleiter, die unsere Eskorte bildeten und etwas beruhigter waren, nachdem sie sich überzeugt hatten, dass ich mit einer Waffe umgehen konnte. Damals musste ich an eine Konversation mit einem Vertreter der Evangelischen Kirche denken, darüber, ob man als Christ zu Waffe greifen sollte. »Soll ich mit einem Buch nach einem Extremisten werfen?«, fragte ich ihn. Seine Antwort folgte prompt: »Reden sie doch mit denen«, meinte er. Das darfst du gerne probieren, dachte ich nur und beendete das Gespräch.

Rone, Gabriel, unsere jesidischen Freunde und ich: wir also gemeinsam unterwegs im Nordirak, in Sindschar. Die Gegend war 2014 von der Schergen des »Islamischen Staates« überrannt worden. Die Jesiden waren von den kurdischen

Peschmergas und der regulären irakischen Armee alleine gelassen worden. Ich spare mir die Schilderungen des Grauens, das damit über die Jesiden hereinbrach; es dürfte inzwischen allseits bekannt sein. Jetzt aber sollte dieser strategisch wichtige Ort, Drehkreuz zwischen Raqqa in Syrien und Mossul im Irak, unbedingt zurückerobert werden. Die Waffenlieferungen auf der Achse Mossul – Sindschar – Raqqa mussten gestoppt werden, ganz zu schweigen vom Transport anderer Güter, von Truppenbewegungen und dem Menschenhandel.

Unterstützt aus der Luft mit Bomben amerikanischer, britischer und französischer Luftstreitkräfte, rückten kurdische Truppen der YPG aus Syrien, Einheiten der PKK aus dem kurdischen Norden sowie kurdische Peschmerga-Kämpfer in die Region vor. Dazu die jesidischen Kampfeinheiten, die es kaum abwarten konnten, Vergeltung an den Kämpfern des IS zu üben. Ihrer Rache ließen sie freien Lauf. Die aufgespießten Köpfe der Dschihadisten, die teilweise den Weg Richtung Sindschar säumten, waren nur ein Zeichen. Ich fand das einerseits entsetzlich, muss aber andererseits gestehen: Ich konnte die Jesiden verstehen. Nicht, dass ich genauso gehandelt hätte. Doch in diesen dunklen Tagen meines klebrigen und stinkenden Hasses, dachte ich nur: Diese Monster haben all die Bomben, die auf sie herabfielen, sie haben alle Vergeltungsschläge dieser Welt verdient. Das änderte sich auch nicht, als wir uns Sindschar näherten. Mit jedem Meter glich das Terrain mehr einer Mondlandschaft, nur Geröll und Krater und Schutt. Irgendwann kamen ausgebrannte Fahrzeuge dazu, von Einschusslöchern durchsiebte Gebäude, alle Arten von Kriegsgerät.

Ich stellte mir vor, dass Dresden und andere Städte nach ihrer Zerstörung im Zweiten Weltkrieg so ausgesehen haben müssen. Welche gewaltige Bombenlast musste hier vom

Himmel gefallen sein, um diese Kraterlandschaft in den Boden zu stanzen. Über den ausgebrannten Fahrzeugen, den zerstörten Wohnhäusern und Geschäften, einfach über allem lag eine Art Staubwolke, wie ein Leichentuch,

Mit jedem Meter, jeder Sekunde, jedem Wort, das ich mit meinen Begleitern wechselte, spürte ich es klarer, schmerzlicher. Eine Entwicklung, die bereits Jahre zuvor begonnen hatte, als ich das erste Mal diese Region betrat und nun einen Grad erreichte hatte, der schmerzte. Ich fuhr gerade die Straße der Hölle entlang und es machte mir nichts aus. An spielenden Kindern vorbei, schwarz vom Ruß der Zerstörung, und es kümmerte mich nicht. Ich fühlte nichts mehr. Außer Hass und Wut, in Wellen kommend, manchmal auf jemanden gerichtet, manchmal aber einfach nur über mich hereinbrechend, überwältigend. Ich ließ das zu, und das waren die einzigen Gefühle, die ich mir erlaubte.

Immer wieder trafen wir Soldaten, die mich anstarrten. Vermutlich wegen meines langen Bartes, das konnte ich nachvollziehen. Schließlich war ich der einzige Bartträger weit und breit. Die, die einen Bart trugen, waren entweder weit weg oder ihr Schicksal hatte damit geendet, dass ihre Leichen halb verkohlt den Hunden in der Stadt als willkommenes Mahl dienten. Wir fuhren weiter, immer tiefer hinein in diese Hölle, und ich spürte noch immer nichts außer Hass und Wut. Wir stiegen aus und trafen Yassir, einen Deutsch-Jesiden aus der Nähe von Hannover, einen außerordentlich mutigen Mann. Ich hatte ihn bereits Tage zuvor in Sherfedin getroffen und da waren wir nun: ein Deutsch-Jeside und ein orientalischer Christ aus Deutschland in einer völlig zerstörten Stadt. Wir starrten uns gegenseitig an. Yassir, von dem ich noch viel hören sollte, unterbrach unser Gespräch mit dem Hinweis, dass ich nicht vom geräumten Weg abkommen sollte, da die Minenräumkommandos noch nicht aktiv gewesen waren und der IS jede Menge Hinterlassenschaften für Rückeroberer bereitgehalten hatte. Hinterlassenschaften, das klang so harmlos. Wie recht Yassir damit hatte, sollte ich im Nachhinein noch feststellen.

Die Stunden und die Kilometer verflogen, ich aber funktionierte immer gleich. Bis zu einem Moment, der mich aus meiner Apathie, meiner Abstumpfung riss. Heute scheint es mir, als wären all die Jahre, all die Gespräche, als wäre einfach alles genau auf diesen Tag ausgerichtet gewesen. Auf diesen einen Moment, der meinen bisherigen Weg beendete. Der mein Innerstes herausforderte, meinen Glauben auf die Probe stellte, meine Menschlichkeit anfragte. Der Moment, in dem ich vor einer Leiche stand, die bis zur Unkenntlichkeit verbrannt war. Nur die weißen Knochen waren übrig – und ein kleines Bündel von Unterlagen.

Der Tote kümmerte mich nicht besonders. Mich interessierte auch sein Schicksal nicht. Für mich war er in diesem Moment kein Mensch, sondern lediglich eine Bestie, ein Monster, das Frauen und Kinder abgeschlachtet hatte. Mehr sah ich nicht in ihm. Bis ich das Bündel aufschnürte. Was würde darin sein? Essen, Waffen, Munition. Nein. Ein Fotoalbum. Ein Fotoalbum bei einem Dschihadisten? Das war doch grotesk. Trotzdem, ich konnte nicht anders, ich musste das Album öffnen. Kurz dachte ich daran, dass eine Sprengfalle darin versteckt sein könnte. Egal. Ich klappte den leicht angeschwärzten Deckel des Buches auf, geschützt durch meinen schweren schwarzen Lederhandschuh. Blätterte. Blätterte weiter.

Schlug die nächste Seite auf. Die nächste, die übernächste … Keiner in meiner Umgebung nahm mich wahr und sah, was ich machte. Niemand sah mich blättern. Niemand bemerkte das Zittern meiner Hände. Keiner blickte zu mir, als ich mich auf ein Knie stützen musste. Mein Blick streifte kurz den Kopf der Leiche. Ich blickte in die dunklen Höhlen des Schädels hinein, in denen einst Augen gewesen sein mussten.

In diesem Moment prallte alles auf mich ein. Wut, Hass, Angst, Furcht, Leid, Trauer, Sorge ... Sorge um mich. Sorge um meine Seele. Sorge um meine Familie und meine Freunde. Sorge um meinen Glauben und Angst vor dem, was aus mir geworden war. Ich war nur noch ein Ding, eine funktionierende Maschine. Kalt und abgestumpft. Ich hatte vergessen, wer ich bin, was ich bin und vor allem, an was ich seit dem Tage meiner Taufe glauben sollte. Wieder eine Woge und Welle, aber diesmal das Gefühl: Ich bin Christ!

Ich starrte gebannt auf die Fotos. Frau und Kinder hatten hübsche Augen und ein sanftes Lächeln. Verspielt schienen sie auf den Bildern dem Vater hinterherzuwinken. Zärtlich berührte dieser seine kleine Tochter, sie dürfte nicht älter als drei, vier Jahre alt gewesen sein. Es folgten Hochzeitsbilder mit den Ehefrauen, in typisch arabischer Stammeskleidung. Die junge Frau an seiner Seite war ebenfalls nach den Riten der Stämme geschminkt, ein helles Tuch bedeckte ihr Haupt. Die anderen Frauen standen dem Brautpaar zur Seite. Die kleine Tochter blickte von der Seite den Vater an und nahm dessen Hand. Auf einem anderen Bild erwiderte er diese liebevolle Geste und trug das Kind in seinen Armen.

Als ich all diese Bilder vor mir sah, sie verinnerlichte, förmlich aufsaugte und auf meine Knie stürzte, da überkam mich ein Gefühl der Übelkeit. Fast hätte ich mich an Ort und Stelle übergeben.

»Vater, Mutter, was ist aus eurem Sohn geworden?«, schrie mein Innerstes.

»Was bin ich geworden, was habe ich getan!«
Das alles ging mir durch den Kopf!
»Gott, warum tust du mir das an?«
»Warum nur hast du das zugelassen?«

Ich wollte in diesem Moment nur noch sterben. Innerlich, so kam es mir vor, war ich sowieso bereits tot. Ich hatte das verloren, was uns, was das Leben und was meinen Glauben als Christ ausmachte: Ich hatte meine Menschlichkeit verloren! Ich fühlte mich in diesem Moment schuldig. Schuldig, weil ich meinen Glauben und damit all das, an was ich glaubte, verraten hatte. Die Menschlichkeit. Und mit der Menschlichkeit die Liebe. Die Liebe zum Leben, die Liebe zu Gott!

Ich kapierte: Der Mann da auf den Bildern, das war ein Fanatiker, ein Verbrecher, vielleicht sogar ein schlechter Mensch. Aber er war eben auch: ein Ehemann, ein Vater, ein Mensch.

Das Geschenk des Lachens

Die Erfahrung in Sindschar, das Bewusstsein meiner verlorengegangenen Menschlichkeit, sollte mein Schicksal – erneut – verändern. Ich ahnte es zu diesem Zeitpunkt nur, doch ich war auf dem besten Weg, meine Menschlichkeit zurückzuerobern. Ein erstes Anzeichen dafür kam auf völlig unerwartete Weise und in sehr ungewöhnlicher Form. In runder, sehr flüchtiger Form.

Meine Reise dauerte nun schon einige Zeit und ich war noch nicht am Ende. Ich wusste, dass all das nie möglich gewesen wäre, ohne die Hilfe zahlreicher Menschen. Menschen wie Ayla, eine Freundin. Als sie von meiner Reise erfahren hatte, war sie von Beginn an begeistert gewesen und hatte mir Hilfe angeboten. Als ausgebildete Krankenschwester wollte sie mich medizinisch unterstützen. Also schnürte sie mir ein Erste-Hilfe-Paket zusammen, alles Notwendige fand sich darin. Und es lagen mehrere kleine Fläschchen in Form länglicher Stäbe darin, gefüllt mit einer sonderbaren Flüssigkeit. Ich hatte keine Ahnung, was das sein sollte. Als ich Ayla danach fragte, begann sie zu lachen. Ich war völlig verwirrt. Hatte ich, ein Technik-Fan, irgendetwas verpasst? Ayla gab mir noch einen Tipp und spielte auf meine Kindheit an, doch ich kam einfach nicht darauf. Also löste Ayla das Rätsel auf: Es waren Seifenblasen.

Ich trug also Seifenblasen mit mir, durch die Türkei, durch Georgien und Armenien, trug sie sogar entlang der IS-Peschmerga-Front. Ayla hatte gewollt, dass ich sie Kindern schenken sollte. Doch irgendwie hatte ich nie das Gefühl, jetzt sei der richtige Zeitpunkt, und so trug ich die kleinen Stäbe Kilometer für Kilometer bei mir. So auch, als ich in die Shingal-Region im Nordirak reiste. Der Ort, an dem der »Islamische Staat« unsagbar Grauenvolles angerichtet hat, Hunderttausende Jesiden und Christen Leben oder Heimat verloren hatten. Der Ort der Massengräber und der völlig zerstörten Stadt Sindschar. In der Nähe der Massengräber liegt das zweitwichtigste Heiligtum der Jesiden nach Lalish, der Tempel in Sherfedin. Der IS hatte die heilige Stätte mehrere Monate lang belagert, doch die tapferen Kampfeinheiten der Jesiden hatten am Ende gewonnen und damit nicht nur ihren heiligen Ort, sondern vor allem das Leben unzähliger Frauen, Kinder und Männer, die sich hinter dem Tempel in den Hügelketten versteckt hatten, gerettet.

Ich übernachtete in der Nähe des Tempels und am nächsten Tag erblickte ich die ersten Sonnenstrahlen, die die Eiseskälte der Nacht um mich herum vertrieben. Ich hörte auf einmal Stimmen, Kinderstimmen. Ich folgte den Stimmen, um schließlich vor ein paar Containern zu stehen. Die Türe war offen. Ich blickte hinein. Und plötzlich war es stumm. Ich war mir zunächst nicht bewusst, weshalb die Kinder verstummt waren. Erst allmählich kapierte ich, dass ich mit meiner schwarzen Hose, dem langen Bart, der Mütze auf dem Kopf und meiner Lederjacke sehr fremd aussehen musste. Ein junger Lehrer, der freundlich auf mich zukam, wusste bereits, dass ich vor Ort war und klärte mich darüber auf, dass ich mich in einer Art Kindergartenvorschule befand, in der den Kindern Grundbegriffe in Englisch beigebracht werden. Ich blickte in die Augen dieser kleinen Mädchen und Jungen. Ich schloss die Augen. Die Bilder der Massengräber fegten wieder über mich hinweg. Die Kinderknochen, die ich in den Händen gehalten hatte, kamen mir wieder in Erinnerung. Ich begann wegzudriften. Ich öffnete noch einmal die Augen. Der Lehrer blickte mich an, die Kinder blickten mich an. Ich legte meine Ausrüstung und meinen Rucksack ab. Holte Aylas Geschenk heraus und übergab es dem Lehrer. Und der kapierte sofort: Er schraubte den Deckel eines Behälters auf und zauberte wunderbare Seifenblasen in die Luft. Die Kinder tobten, jagten den Seifenblasen nach und durschnitten die Stille der Luft mit ihrem so wunderbaren Lachen. Es war Musik für mich. Endlich wieder Töne in den wunderschönsten Farben. Die Kinder schenkten mir ein Lächeln und für einige Minuten vergaß ich, was ich bisher gesehen hatte. Das ganze Leid, der Tod, die Qual und das Wissen um die Opfer verließ für einige Momente mein Gedächtnis. Und an Stelle dieser qualvollen Erinnerungen durchdrang ein Licht meine Seele, das mein Gesicht erhellte. So schien es mir zumindest.

Ich kann bis heute keine Seifenblasen pusten. Doch weiß ich, dass Aylas Geschenk die richtigen Empfänger fand. Ayla, danke für das Lächeln, an dem ich teilhaben durfte. Es war wichtiger als alle medizinische Versorgung, die du mir hättest einpacken können. Danke!

PEACEMAKER TOUR GLOBALO

»Mein Glaube ist meine Hoffnung. Das Licht meine Rettung«

Die Nacht war wirklich kalt gewesen in der Militärbasis in Syrien und der Morgen schenkte mir und meinen Begleitern wenigstens ein paar wärmende Sonnenstrahlen, die den Tag angenehmer werden ließen. Mir war bewusst, dass nicht weit von uns entfernt gerade mehrere Offensiven der Militärformation SDF durchgeführt wurden und der IS uns jederzeit hätte angreifen können. Die Nervosität der Extremisten des selbsternannten Gottesstaates stieg mit jedem Meter an Boden, den sie an den SDF verloren. Ich dachte an diesem Morgen nach über das, was ich im Irak erlebt hatte, was ich gefühlt hatte, was aus mir geworden war. Welche Werte spielten eine Rolle für mich? Gab es wirklich eine wahre Religion? Woher all das Leid und wie damit umgehen? Ich hatte in den letzten Jahren so viele Auffassungen, feste Dogmen und Weltanschauungen über Bord geworfen, sah im Kielwasser meiner Gedanken abgelegte und überholte Wahrheiten davonschwimmen. Zurück blieb eine Leere, die ich füllen musste, um nicht zu zerbrechen. Mit Momenten wie den Seifenblasen und dem Kinderlachen, aber auch mit Momenten wie denen, die an diesem kalten Dezembertag in Syrien noch kommen sollten.

Ein Mann bereitete mir Tee zu, brachte etwas Brot, die Marmelade war schon gefroren. Seine Art, den Tee einzuschenken, hatte etwas Majestätisches. Sein Gesicht war eingerahmt von einem schlohweißen Bart. Sein Haar, komplett ergraut, hob sich davon ab. Der Mann sah mich an und ich spürte sofort etwas, das mich in den Bann schlug. »Salam«, grüßte ich ihn. »Salam«, grüßte er zurück. Er verließ den Raum, doch ich fragte Sanharib, den Pressesprecher des SDF, ob er ein Interview mit dem Grauhaarigen arrangieren könnte. Er lächelte vielsagend und ging für ein paar Minuten in das gleiche Zimmer, in dem der Mann soeben verschwunden war. Sanharib kam zurück, mit einem ehrfürchtigen Blick in den Augen, und gab mir zu verstehen, dass der geheimnisvolle Mann bereit sei zu einem Gespräch. Bis zu diesem Zeitpunkt konnte ich mir immer noch keinen Reim aus dem Verhalten meiner Kameraden machen.

Wenig später trat ich in das Zimmer ein, und der Mann machte mit einer Handbewegung klar, dass ich mich ihm gegenüber hinsetzen sollte. Im Schneidersitz machte ich es mir bequem und zunächst blickten wir uns über Sekunden nur an. Sein Blick durchdrang mich intensiv. Ich hatte das Gefühl, dass seine Augen nach etwas suchten, und ich ließ es zu, denn es war in diesem Moment völlig richtig. Ich hatte nichts zu verbergen. Dann begann der Mann zu sprechen, langsam und sehr klar. Jeder Satz ein Statement, ein Bekenntnis:

»Wir kämpfen gegen Daesh, weil wir dessen Islam ablehnen.

»Als Araber und Sunnit lehne ich zutiefst ab, was Daesh den Menschen antut. Christen, Kurden, Arabern. Es spielt keine Rolle.

»Wir haben uns den Suryoye, den Christen, angeschlossen, weil das unser aller Kampf ist. Es geht um die Vielfalt in Syrien, die Vielfalt im Glauben und die Freiheit, diesen, egal in welcher Art, ausleben zu können.

»Uns und mir geht es um die Freiheit aller Menschen. Egal,

woran sie glauben mögen oder welcher Ethnie sie angehören.«

Ich hätte diese Worte und das Gespräch gerne überall verkündet. Ich hätte der Welt gerne erzählt, dass dieser arabische Clanführer sich den Christen angeschlossen hatte, um gegen den IS zu kämpfen. Doch ich durfte es nicht, zumindest damals nicht. Hätte ich das getan, so hätte ich Familienmitglieder dieses Kriegers, die in der »IS-Hauptstadt« Raqqa ausharrten, in Gefahr gebracht. Sollte man jemals in Erfahrung bringen, dass er, der sunnitische Stammesfürst, sich mit seinem gesamten Clan Christen angeschlossen hatte, so wäre der einfache Tod noch das Harmloseste, was die Familienmitglieder in Raqqa zu erwarten hätten. Und so gab ich dem Stammesführer mein Wort, so lange zu schweigen, bis keine Gefahr mehr für seine Familie bestehen und der IS besiegt sein würde. Monate später, im Februar 2016, ich hatte meine monatelange Reise kurz unterbrochen, erfuhr ich vom Tod dieses Freundes der Völker und Religionen. Seine Worte aber bleiben und sein Beispiel dafür, was nötig ist, um Fanatiker wie die IS-Kämpfer zu besiegen: Allianzen hinweg über ethnische und konfessionelle Unterschiede. Allianzen gegen den Wahnsinn und für die Menschlichkeit.

»Mehr habe ich nicht getan«

Es ist kurz vor Weihnachten, dem Fest des Friedens, und in Syrien ist von Frieden keine Spur. Ich befinde mich Norden des Landes, in einem Gefängnis, einem Foltergefängnis. Ich bin nicht hier, um das Regime und seine Methoden zu verurteilen, das ist nicht meine Aufgabe. Ich will zuhören und die sprechen lassen, deren Schilderungen genug über das

Regime verraten, die mehr sagen, als man ertragen kann. Ich sitze bei Musa, gerade 27 Jahre alt, und schon ein gebrochener, ein alter Mann. Dem man die Würde genommen hat und fast das Leben und der trotzdem erzählen will und dessen Antworten ich hier genau so wiedergeben möchte, wie ich sie erhielt:

»Wir demonstrierten für das Recht, frei wählen zu dürfen. Unsere Sprache frei lehren zu dürfen. Auch wir sollten das Recht haben, den Präsidenten stellen zu können, unabhängig davon, ob wir nun Christen oder Muslime sind. Wir demonstrierten für das Recht, als Volk anerkannt zu werden. Uns lediglich als Christen zu sehen, hätte uns immer nur zum Spielball derer gemacht, die nach Macht streben. Dafür demonstrierten wir. Dafür demonstrierte ich. Mehr war es doch nicht. Mehr habe ich nicht getan.«

»Sie drangen nachts in unser Haus ein. Ich schlief mit meinem Bruder in einem Zimmer. Das ganze Haus war umstellt. Sie suchten gezielt nach mir und meinen Geschwistern. Sie fragten mich nach meinem Ausweis und ich gab ihnen diesen. Sie nahmen alles mit. Meinen Laptop, meine persönlichen Gegenstände. Einfach alles. Sie führten mich ab. Und als ich unseren Hof betrat, sah ich erst, dass sich noch mehr Sicherheitskräfte positioniert hatten. Scharfschützen waren auf dem Dach, die Gewehre auf mich gerichtet. Schwer bewaffnete Fahrzeuge brachten mich zum Verhör. Fünf Stunden verbrachte ich zunächst hier ...«

»Ja, ich war in der Türkei, ich habe dort Verwandte besucht. Das ist mehrere Jahre her, war noch vor dem Krieg. Sie wollten mir aber nicht glauben. Ich wäre ein Terrorist, sagten sie. Hätte Verbindungen zu denen, die Syrien schaden möchten. Sie wollten mir

einfach nicht glauben. Sie setzten mich unter Druck, ich sollte ein Geständnis ablegen.

Nur warum? Für etwas, was ich nicht getan habe?

Angeblich hätte ich mich mit den Freiheitskämpfern unterhalten, ausgetauscht, in Verbindung gesetzt. Ich widersprach. Immer wieder widersprach ich. Ich hatte doch nichts getan.«

»*Und immer wieder die Schläge. Die Augen verbunden. Die Fragen: Wer seid ihr? Woher kommt ihr? Was habt ihr vor?*

Ich wusste nie, aus welcher Richtung die Schläge kamen. Zuerst die Füße, dann die Beine, dann der Rücken. Halbnackt immer wieder diese Folter. Und immer wieder die Forderung eines Geständnisses. Und wieder die Fragen: Was wollt ihr? Was ist euer Ziel?«

»*Unser Ziel ist doch nichts weiter, als gleichberechtigt behandelt zu werden. Mehr nicht!«*

Musa versucht, die Tränen zurückzuhalten, es gelingt ihm kaum.

»*Nach neun Tagen Folter wurden wir mit einem Flugzeug nach Damaskus gebracht. Schon beim Aussteigen aus dem Flugzeug und als wir den Bus bestiegen, der uns in ein weiteres Gefängnis bringen sollte, wurde auf uns eingetreten. Nackt und mit verbundenen Augen wurden wir, nachdem wir den Bus verlassen hatten, in mehrere Fahrzeuge gepfercht. Blind betraten wir eine Art Keller. Erst da wurden uns die Augenbinden abgenommen. Und nun wüste Beschimpfungen. Schläge auf die nackte Haut. Nackt im Kreis laufen. Und immer wieder Schläge und Beschimpfungen.*

Eingesperrt in einem engen Raum, die Hände brutal gefesselt, konnten wir nur stehen. Wir standen die ganze Nacht. Ohne Wasser. Ohne etwas zu essen. Bis die ersten zusammenbrachen.

Endlich bekamen wir etwas Wasser zu trinken und ein bisschen zu essen. Das Brot war verfault.«

»*Nur zwei Mal am Tag, fast nackt, durften wir unsere Notdurft verrichten. Wer nicht schnell genug war, wurde geschlagen. Wer auffiel, wurde geschlagen. Jeden Tag musste einer aus der Gruppe andere auswählen, die dann gefoltert wurden. Tat er dies nicht, so wurde er für die anderen gefoltert. Mit besonderer Härte.«*

»*Wir waren eine vierzehnköpfige Gruppe. In einem Zimmer, zwei Meter lang und zwei Meter breit. Schlafen konnten wir nur, wenn wir uns beim Sitzen gegenseitig die Füße ins Gesicht hielten. Bei der Einzelfolter mussten wir uns nackt hinknien. Mit einem Schlauch wurden wir geschlagen. Dann wurden wir nackt gegen eine Wand gedrückt. Die Letzten wurden wieder mit dem Schlauch ausgepeitscht. So ging es wochenlang weiter.«*

Musa blickt auf den Boden und faltet die Hände. So, als ob er beten würde.

»*Eins Tages konnte ich nicht mehr. Ich wollte nicht mehr in diesem Zimmer eingesperrt sein. Im Sitzen schlafen. Mit den Füßen eines Mitgefangenen im Gesicht. Trotzdem blieb ich einfach stehen. Die ganze Nacht. Bis mich einer der Wärter erblickte. Er nahm mich mit, um mich für meinen Ungehorsam zu bestrafen.«*

Musa blickt mich an und gibt mir zu verstehen, dass er damals mit seinem Tod rechnete.

»*Die Hände wurden mir zusammengeschnürt. Nackt hängte man mich an einer Decke auf. In einer Kammer. Völlig alleine. Stunden, Tage. Ich war bereit zu sterben. Ich wollte nur noch der Folter ent-*

fliehen und es hinter mich bringen. Den Schmerz spürte ich nicht mehr. Ich hatte abgeschlossen mit meinem Leben.«

Musa schaut hoch. Streckt den Kopf nach oben. So, als ob er zu Gott sprechen würde. Seine Augen fangen an zu tränen.

»Im Zimmer gab es ein kleines Fenster. Klein und unscheinbar. Es war offen. Licht drang herein. Und mit dem Licht ein kühler Hauch. Das Licht traf mein Gesicht. Die kalte Luft ließ mich atmen. Ein wohliges Gefühl breitete sich in mir aus. Ich schloss die Augen. Ließ die kühle Luft meinen geschundenen Körper berühren. Empfing die Wärme der Sonnenstrahlen. Und ich lächelte.«

Musa lächelt tatsächlich in diesem Moment. Er weint und lächelt zugleich.

»Ich sah ihn. Wie er ans Kreuz genagelt wurde. Mit all seinen Schmerzen. Er hatte sich für uns geopfert. Licht strömte von ihm herab. Es traf mich. In meinem Herzen. In meiner Seele. Es weckte mich auf. Ließ Freude zu. Und Dankbarkeit. Dankbarkeit für das Opfer, das er gebracht hatte. Denn sein Opfer war für uns alle da. Und ich wusste, dass mein Glaube meine Hoffnung ist. Denn der Windhauch kühlte mich. Das Licht wärmte mich.«

In diesem Moment kann ich nicht anders. Ich stelle mir vor, wie er von der Decke hängt und lächelt. Ich weine und höre nur noch Musas letzten Satz.«

»Mein Glaube ist meine Hoffnung. Das Licht meine Rettung.«

Über ein Jahr wurde Musa festgehalten und immer wieder gefoltert. Mal sollte er gestehen, dass er mit Israel zusammenarbeitet, mal war er ein Spion für die Türkei. Wie ihm ging es Tausenden. Viele haben nicht überlebt, andere, die überlebt haben, sind für immer gezeichnet. Solche Sätze hat man sicher schon oft gelesen. Doch wenn man Menschen wie Musa gegenübersitzt, hört, was sie durchlitten haben, dann wird einem klar, dass es keine Worte gibt, die das ganze Leid artikulieren können. Dann geht es nicht mehr um besonders elegante, feine Sätze, die noch keiner geschrieben hat. Es geht dann nur darum, die Geschichte in die Welt hinauszuschreien, so laut und so einfach, dass es möglichst viele hören, begreifen, lernen.

Der Kampf für unsere Rechte

Ich verlasse Syrien einige Tage später. Weihnachten habe ich noch hier verbracht, in Qamishli. Die Stadt im Norden des Landes, das gar kein richtiges Land, sondern ein einziges Kriegsgebiet ist, gilt als relativ sicher. Ich habe die Heilige Messe mitgefeiert, sah Kinder feiernd durch die Straßen ziehen, mit dem verzweifelten Wunsch nach Normalität. Ich machte Fotos von ihnen und von den Gassen, in denen später Bomben detonieren sollten und viele von denen, die auf den Fotos singen und tanzen, in den Tod reißen würden. Ich erinnere mich an ein Treffen mit zwei Frauen, Tage vor Weihnachten, beide gerade erst 18 Jahre alt. Athra und Ormi sind »Suryoye« und vor allem eines: Soldatinnen. Nicht weit weg von ihnen, ein paar Kilometer südlich von ihrem Trainingscamp, tobt der Krieg gegen den »Islamischen Staat«. Die beiden jungen Frauen, die mich mit ernsten Blicken betrachten, wissen, was das bedeutet, was ihnen droht, würden sie als Gefangene in die Hände der Dschihadisten fallen.

Athra und Ormi bleiben trotzdem in dem Trainingscamp. Es geht ihnen um die Verteidigung des eigenen Lebens, der Familie, der Ethnie und ihres Glaubens. Und es geht ihnen um ihre Rechte als Frauen. Im Gespräch erklären sie mir, dass der IS nur deswegen so wüten könne, weil er immer wieder das schwächste Glied in der Gemeinschaft attackieren, vergewaltigen und versklaven würde. Wir sprechen über das grundlegende Problem einer patriarchalischen Gesellschaft, wieder einmal, wie so oft auf meiner Reise. Und wieder einmal treffe ich Frauen, die dagegen aufstehen, diesmal sogar mit der Waffe in der Hand. Athra und Ormi gehören den »Bethnahrin Women Protection Forces« (»HSNB«) an, das Pendant zu den männlichen Kampfeinheiten, dem »Syriac Military Council« (MFS) mit den »Syrian Democratic Forces«. Als ich die beiden Mädchen verlasse, spielen sie mit einem kleinen Welpen, fast ausgelassen – die Waffe jedoch immer am Körper.

Daran muss ich denken, an die beiden Soldatinnen mit dem Welpen und die feiernden Kinder an Weihnachten, als ich die Grenze überquere und in den Irak fahre. Jedes Mal drehe mich um und frage mich, welchen Freund ich als nächstes verlieren werde. Ich sage mir, dass ich nicht zurück möchte, dass ich nicht den Schmerz fühlen will, wenn Athra und Ormi oder andere nicht mehr da sind. Und zugleich weiß ich, dass ich zurückkehren werde. In der Hoffnung, dass Syrien doch wieder ein Land wird und nicht nur ein Kriegsgebiet bleibt.

Friede für die Welt

»Wer Krieg nicht gesehen hat, weiß nicht, was Frieden ist.« Es ist nicht so, dass ich diesen Satz noch nie gehört hätte. Es ist auch nicht so, dass ich noch nie einen Kriegsveteranen getroffen hätte. Doch so wie jetzt und hier, ich sitze in einem grünen Park in einem Vorwort von Teheran, habe ich selten die Tiefe der Botschaft begriffen. Mein Gespräch mit dem iranischen Veteranen Nasser Ghassemi dauert schon eine Weile. Er hat mir erzählt, wie er an der Front des Iran-Irakkrieges das Augenlicht verloren hat, was der Krieg mit ihm, mit Kameraden, mit den Menschen überhaupt gemacht hat. Ich erzähle ich vom Project Peacemaker, er ist begeistert, spricht über den Frieden, über unseren Auftrag und sagt dann diesen Satz: »Wer Krieg nicht gesehen hat, weiß nicht, was Frieden ist.« Er klingt aus dem Mund dieses Veteranen, mitten in Iran, einem Land, das für viele zu den Erzschurken der Weltpolitik gehört, bedeutungsvoller, weiser sogar. Und er schließt unsere Unterhaltung mit einem anderen, kurzen Satz, der mich trifft: »Frieden ist universell.«

In meinem Leben habe ich viele Länder bereist, zahlreiche Kulturen kennengelernt. Mein Bestreben war es nicht, neben den Menschen, sondern mit den Menschen zu leben. Der arabisch geprägte Nahe Osten, mehrheitlich in den verschiedenen Strömungen des sunnitischen Islam religiös verankert sowie Israel und der Nahe und Mittlere Osten mit ihren jüdisch-christlichen Traditionen sind sehr unterschiedlich aufgestellt. Die Region ist von zahlreichen Konflikten durchsetzt. Zerfallene Staaten und die in ihnen vagabundierenden

Menschen suchen ihren Weg, scheinen ständig mit tagtäglich neuen Herausforderungen der Anpassung und des Wandels schutzlos konfrontiert. Niemand kann heute verantwortlich prognostizieren, wohin diese Entwicklungen führen. Der Prozess ist noch lange nicht abgeschlossen. Ein Land, das ich nie zuvor besucht hatte, war der schiitisch geprägte Iran. Wie geht man nun mit einem Land um, dem Menschenrechtsverletzungen und aggressiver Expansionswille vorgeworfen werden, das in der Vergangenheit ausdrücklich den Willen zur Vernichtung Israels bekundet hat, mit dem es den schwelenden Atomkonflikt gibt, der es durch die daraus resultierenden internationalen Sanktionen in eine massive Krise stürzte? Nun, ich glaube, man sollte allen Menschen auf der Welt zunächst unvoreingenommen gegenübertreten, sich ohne Vorurteile in die ureigenen Lebenswelten eines Landes treiben lassen, sich auf die Vorder-, aber auch Tiefgründigkeiten der Menschen einlassen, ein besseres von innen geleitetes Verständnis von Staat und Gesellschaft anstreben, vor allem aber den stetigen Versuch unternehmen, mit den Menschen ins Gespräch zu kommen.

Und der Iran hat wahrlich viel zu bieten: Religion, Kultur, Traditionen, die Wirtschaft, Kunst und Literatur, Geschichte, Architektur sowie soziales Leben. Und wenn all das auf den unvoreingenommenen Besucher einströmt, rate ich dazu, einiges aufzuschreiben, vielleicht sogar aus dem Blickwinkel des anderen, dann ergänzt um die eigene Sichtweise.

Tut man dies, entsteht ein Bild, das in vielem so ganz anders ist als das, was uns die medial vermittelten Wirklichkeiten in Europa suggerieren. Gut drei Wochen hatte ich trotz sehr engen Zeitplans die Möglichkeit, mich auf dieses Wagnis einzulassen. Besuche bei religiösen Führern, Politikern, staatlichen Stellen, wirtschaftlichen Vertretern und vor allem einfachen Bürgern formen seitdem mein facettenreiches Bild vom Iran. Und ich weiß, es ist schon jetzt anders als das, von dem ich ausging, und es wird sich noch soviel facettenreicher gestalten, in naher und ferner Zukunft. Bereits vor meiner Reise und auch in ihrem Verlauf musste ich mich an Regeln halten. Das tat ich, weil ich Gast war in diesem fremden Land. Dass ich dadurch nicht Einblicke in alle Bereiche erlangen konnte, ist mir klar. Trotzdem: Aus westlicher Perspektive betrachtet erscheint der Iran als theokratisches Staatswesen, das bestrebt ist, mit den Mitteln einer absolut gesetzten Definition des göttlichen Willens Kontrolle über seine Bürger auszuüben. Das Alltagsleben der Iraner scheint nach außen durch eine intensive Hierarchie religiöser Regeln geprägt. Das mag durchaus auch stimmen, in vielen Teilen.

Doch verbirgt sich dahinter mehr. Viele Verhaltensweisen der Menschen im Iran sind das Resultat traditioneller Werte, die die verschiedenen Ethnien des Irans, besonders in ihrem Verständnis und in ihren Lebenspraktiken in Bezug auf die Frau zum Ausdruck bringen. Die Gesellschaftsstrukturen sind wie in anderen Regionen des Nahen Ostens und Asiens stark patriarchalisch geprägt, mit unterschiedlich Facetten, die in Abhängigkeit zur Volks- und Clanzugehörigkeit stehen. Bei der Ethnie der »Luren« zum Beispiel muss sich das weibliche Geschlecht dem Diktat des Mannes beugen. Die Frauen der »Kaschgai« hingegen genossen und genießen verhältnismäßig viele Freiheiten.

Aus dem Blickwinkel eines Orientalen wie mir ist der Iran ein in seiner jahrtausendealten Kultur, Tradition und Religion verankertes Staatswesen, das die Religion zum dominierenden Faktor gemacht hat, um ein Bindeglied in einem Vielvölkerstaat zu fixieren. Die Gesellschaft orientiert sich jedoch weiterhin an anderen kulturellen Traditionen und

Werten, um einen begrenzten Weg der Vielfalt gehen zu können. Dabei kristallisiert sich heraus, und das ist eine besondere Eigenschaft der Iraner, dass gerade philosophische Akzente den Ausschlag für einen eigenen Weg geben, der auch der Maßstab für diese Region ist. Egal, ob nun im religiösen, im wirtschaftlichen, kulturellen oder gesellschaftlichen Rahmen. Der philosophische Diskurs und damit auch das Hinterfragen des eigenen Handelns spielen eine wichtige Rolle bei allen Entscheidungen des Landes.

Die Frage freilich, was denn den Iran in seiner Identität besonders ausmacht, wird dabei immer schwieriger. Der Iran, offiziell als Islamische Republik Iran bezeichnet (in Anlehnung an das altpersische Wort »Aryanam«, das bedeutet so viel wie »Land der Arier«), hat gut 75 Millionen Einwohner bei der vierfachen Fläche Deutschlands und zählt damit zu den 20 bevölkerungsreichsten Ländern der Erde. Circa 36 Prozent der Bevölkerung gehören zur persischen Ethnie; Sieben bis zehn Prozent sind im Norden des Landes angesiedelt und den Kurden zuzurechnen, die dem sunnitischen Islam angehören. Sechs Prozent der Bevölkerung zählen zu den Luren, während die Belutschen mit zwei Prozent eine recht kleine Minderheit darstellen. 17 Prozent der iranischen Staatsbürger sind Aserbaidschaner, die ebenfalls schiitisch geprägt sind und teilweise in Spannung zu den sunnitischen Kurden leben. Weiterhin gibt es in den nördlichen Steppenregionen einige Angehörige turkmenischer Stämme. In der Region Isfahan lebten früher um die 300.000 Armenier, die dort künstlich angesiedelt wurden. Und die einst zahlreich vertretene indigene Bevölkerung im Iran, die noch vor der Ankunft der Perser im Land lebte, so zum Beispiel die Assyrer, heute eine der letzten verbliebenen christlichen Minderheiten, macht nur noch einen verschwindend geringen Anteil aus. Von hier aus fand die Expansion der nestorianischen Kirche statt, die ihre Fühler bis zum fernen Japan und Malaysia ausstreckte, doch nach dem Einfall der Mongolen fast der vollständigen Vernichtung anheimfiel.

Sumerer, Babylonier, Assyrer, Perser, Griechen, Römer, Osmanen und noch viele andere Völker haben ihre Spuren in dem Land hinterlassen, ein tiefes und breitgefächertes Wissen. Der Iran ist deshalb ein Land, das so viel mehr zu bieten hat als nur seine Energievorkommen, die es weltweit strategisch ins Zentrum geopolitischer Ereignisse rücken lässt. Der Iran ist vor allem Geschichte, Bildung, Kunst, Philosophie und architektonisch geprägt von jahrtausendealten Epochen. Und das macht dieses Land historisch-zivilisatorisch zu einer Weltmacht. Ich sprach mit einem jungen Studenten, Abbas aus Teheran, darüber. Er hat jüdische, zoroastrische, assyrisch-christliche und mandäische Vorfahren, auf die er alle stolz ist. Er selbst sieht sich als Muslim und ist fasziniert von Hegel, Freud und Augustinus von Hippo. Außerdem hat er extra Deutsch gelernt, um sich in die deutsche Literatur vertiefen zu können. Er formulierte die Frage nach der Identität und dem Verhältnis zum Westen so: »Der Iran ist eine hybride Kultur. Wir werden nie den Westen kopieren. Aber wir können und werden von allen Kulturen das Beste übernehmen, um unseren eigenen Weg zu definieren.«

Die Schönheit des Wortes

Das Project Peacemaker hat mich in den Iran gebracht, gerade weil das Land solch eine Stellung einnimmt, weil es ein Bild gibt – bei allen berechtigten Vorwürfen –, das einseitig geprägt ist. Deshalb schreibe ich auch hier darüber, um Menschen wie den Kriegsveteranen Nasser Ghassemi zu Wort kommen zu lassen, mit seiner Sehnsucht nach Frieden. Oder Menschen wie unsere Begleiterin Fatemeh, 29 Jahre alt und Diplomatentochter. Sie hat als Teenager vier Jahre lang in Deutschland gelebt und beherrscht die Sprache nach wie vor sehr gut. Inzwischen promoviert sie und hat es sich zugleich zur Aufgabe gemacht, der Welt den Iran aus einer anderen, aus ihrer Perspektive zu zeigen. Aus einem Blickwinkel, der dem Zuhörer aus der westlichen Welt nur mit der regulären Medienberichterstattung so völlig unbekannt ist.

Mehrere Tage begleitete Fatemeh unser Team um zu dolmetschen. Sie nahm mich mit in die Universität in Teheran zur deutschen Fakultät, begleitete mich zu den Ministerien und philosophierte mit mir über die Religionen, Frauenrechte und im Allgemeinen über die Sichtweise des Westens auf den Iran. Am meisten beeindruckt hat mich ihre Fähigkeit, sich der Kunst hinzugeben. In diesem Fall der Kalligraphie, die ihr der Vater bereits als Kind näher brachte. Das ist auch der Grund, weshalb ich weniger über die Begegnungen mit Politikern und Geistlichen wie in Ghom schreibe, sondern über sie und ihre Liebe zur Kalligraphie. Fatemeh begegnete uns nicht als vollverschleierte Frau, allerdings mit einer traditionellen Kopfbedeckung. In Deutschland wäre manch einer in stereotypes Denken verfallen. Doch im Iran ist diese Art der Kopfbedeckung, die die gesamten Haare bedeckt, üblich. Auch bei mir entwickelte sich zunächst eine Art Zurückhaltung, weil ich mir nicht sicher war, wie ich mit ihr umgehen sollte. Der Schlüssel unserer Kommunikation, der ein gegenseitiges Kennenlernen und so besseres Verstehen ermöglichte, war die Kunst. Fatemeh demonstrierte ihre Fähigkeit, Schönheit in den Dingen zu erkennen, die im Verborgenen liegen. Schließlich ist Kalligraphie nichts anderes als die Kunst, hinter das Verborgene zu blicken, um die Philosophie der Schrift zu erkennen, aufgemalt mit Liebe und Hingabe, um ein vollkommen harmonisches Bild zu erschaffen, das dem Geschriebenen Respekt erweist. Meine Erfahrung im Iran und mit Fatemeh war: Wenn Liebe zur Harmonie, in diesem Fall zur Kunst der Kalligraphie, entsteht, tun sich Wege auf. Wege des Dialogs. Für die Suche nach Frieden und Zukunft war das ein entscheidender Punkt: Wir müssen der Kunst, der ästhetischen Bildung, Platz einräumen. Dass das an den Orten, an denen ich zuvor war, fast surreal erscheint, weiß ich. Aber auf lange Sicht hin ist das ein Schlüssel zu Dialog, Vertrauen und Frieden.

Krieg und Frieden

Es war die letzte Etappen meiner Peacemaker-Reise, aber sicher noch nicht das Ende des Projekts. Zu viel hatte ich gesehen, zu viele Hoffnungen und Möglichkeiten wahrgenommen, als dass ich einfach aufgehört hätte. So absurd es klingt, doch die Monate in den Kriegsgebieten, auch die in Georgien und Armenien, haben trotz aller grausamer Erfahrung meine Überzeugung gestärkt, dass wirklich Frieden möglich ist in dieser Region – wenn man die richtigen Lehren und Schlüsse zieht.

Mit diesen Gedanken war ich noch einmal in den Irak gereist. Der IS wurde langsam immer weiter zurückgedrängt. Wie bei einer Flut, die sich zurückzieht, und die Trümmer und Wracks zurücklässt, die totale Verwüstung. Zum Beispiel in Bartella, ein Dorf, dass die Dschihadisten zwei Jahre lang besetzt gehalten hatten. Überall Zerstörung, Tod und Grauen. Dazu die Zeugen des asymmetrischen Krieges, ganze Tunnelsysteme, mitten in den Häusern, tief in die Erde gegraben; durchbrochene Häuserwände, damit die Scharfschützen im Häuserkampf schnell, Deckung suchend, von einem Ort zum anderen kommen konnten.

Doch waren es nicht so sehr diese Hinterlassenschaften mit all ihren furchtbaren Tragödien, die mich erschütterten. Es waren Gegenstände in den Trümmern, Spielsachen vor allem, die offen überall verstreut waren. Demonstrativ beschmutzt und sogar, wie im Falle einer Puppe, die ich entdeckte, geköpft – welches Problem steckte dahinter? Welche Kindheit? Ich fragte ich mich, was mit diesen Männern schief gelaufen sein musste, wenn sie selbst vor einer Puppe Angst haben und nicht zögern, diese zu enthaupten und zur Schau zu stellen. Wie krank, verseucht und pervers muss ihr Geist sein, dass sie noch nicht einmal vor Kinderspielzeug Halt machten? Und die ihre böse Saat ausgestreut hatten. So war es nicht ungewöhnlich, dass ich in Flüchtlingscamps Kinder aus Mossul traf, die nach zwei Jahren Indoktrination des IS nichts als Hass und Verachtung gegenüber Frauen und Nichtsunniten empfanden.

Christ und Soldat

Ich wachte auf, mitten in der Nacht. Aber nicht, weil mich ein Albtraum verfolgte, Erinnerungen mich jagten. Nein, es war ein schönes Bild, das mich aus dem Schlaf holte. Ein Bild, erst einige wenige Stunden alt. Ich musste an den jungen Soldaten denken, den ich getroffen hatte. Seine Erfahrung und vor allem sein Bekenntnis, in einem Moment der Hoffnungslosigkeit voller Hoffnung.

Der Soldat hatte an einem Fort zusammen mit ein paar weiteren jungen Christen gut vier Kilometer nördlich von Mossul seine Position eingenommen. Nun wachte er darüber, dass kein Dschihadist mit einem vollbesetzten Vehikel auf das Gelände zurasen und alles in die Luft sprengen konnte. Wir sprachen über sein Leben als Soldat und Christ, und als ich mich verabschiedete, lächelte er. Er gab mir die Hand zum Abschied und griff plötzlich in seine Tasche. Er zögerte, holte die Hand aus seiner Tasche und öffnete sie. Er blickte sich um, verstohlen, dann ließ er mich einen Blick auf seine Handfläche werfen. Erst dachte ich, er hielte ein rohes Stück Wachs. Dann erkannte ich den Kopf, die Flügel, einen winzigen kleinen Wachsengel. Er sagte nur: »Mar Mariam«, und meinte damit, dass das das Einzige gewesen sei, was er aus der Heimatkirche hatte retten können. Dann küsste der junge Soldat die Figur, berührte mit ihr seine Stirn und packte sie wieder in die kleine, unsichtbare Tasche seiner Schutzweste. Und starrte dann weiter Richtung Mossul, in eine Zukunft voller Ungewissheit, aber eben auch voller Hoffnung.

Der zerbrochene Glaube

Es ist wie gesagt der letzte Abschnitt meiner Reise, das Ende einer langen Odyssee. Vor Jahren war ich in dieser Region gewesen, der Wiege der Zivilisation und Heimat eines Glaubens, der die Welt veränderte. Hier in der Ninive-Ebene, in einem fruchtbaren Tal des nördlichen Iraks zwischen den Flüssen Euphrat und Tigris, hatte ich vor sechs Jahren ein Kloster besucht, voller Wut und Zorn. Dieses Kloster, das nunmehr seit mehr als 1600 Jahren allen Gefahren trotzt, nur dreißig Kilometer nördlich von Mossul gelegen, dieses Kloster Mar Mattai war das Gegenteil von dem, was Krieg, Gewalt und Hass ausmachen. Ich aber kam voller Wut und Hass, voller Gewalt, zornig und vergiftet in meinen Gedanken. Zutiefst erschüttert in meinen Grundfesten, entsetzt, was meinem Volk, was anderen Christen und Muslimen und Jesiden geschehen war und weiter geschah. Von vielen im Stich gelassen, auch vom fehlenden Bekenntnis der Kirchen im Westen, wurden sie nicht nur von den Schergen des Islamischen Staates aufgerieben, sondern verkamen zum Spielball regionaler Mächte. So betrat ich nun an jenem Tag dieses Kloster des Friedens und brachte all das mit, was ich an denen verachtete, die nach dem Leben der Christen trachteten. Ich traf den

Geistlichen und hatte das erste Mal das Gefühl eines Friedens, der mir möglich schien, nötig, für die Welt, aber auch für mich selbst. Mir war klar, dass der Frieden meine Mission sein würde, so klein und bescheiden mein Beitrag auch sein sollte.

Nun, sechs Jahre später, bin ich überzeugt davon, dass dies der richtige Weg war. Ich lebe und schreibe und gebe denen eine Stimme, die das nicht können. Und das werde ich tun, solange ich die Kraft dazu habe. Jetzt kehrt langsam, nach den schlimmsten Erfahrungen meines Lebens, Frieden in mein Herz ein. Obwohl ich noch einmal durch zerstörte Städte fahre, obwohl ich sehe, dass, getrieben von einem blinden Hass auf alles Christliche, selbst die Toten in ihrer Ruhe gestört, Gräber geschändet, die Überreste der Verstorbenen aus ihren Särgen geholt und über das Areal verteilt worden sind. Dass die Fanatiker Symbole des Glaubens, Kreuze und Grabsteine und selbst die kleinen Bilder in den Grabsteinen vernichtet haben, um so auch noch den Toten ihre Identität und den Überlebenden die Erinnerung zu rauben. »Seht her, wir vernichten alles, was ihr wart, was ihr seid – ihr werdet es nicht mehr sein«, lautet die Botschaft dahinter.

Und ja, ich stelle mir die Frage, wieso der Koran und die Hadithe Gewalt und Ausgrenzung so thematisieren. Was ist ein Christ, ein Jude, ein Jeside, ein Atheist oder ein Homosexueller in diesem islamischen Denken wert? Darf ein Muslim seine Religion verlassen, ohne dafür um das eigene Leben fürchten zu müssen? Darf eine Frau wie ein Mann sich sexuell ausleben, ohne dafür ausgeschlossen oder im schlimmsten Fall gesteinigt zu werden? Das sind die elementaren Fragen, gepaart mit einer patriarchalisch geprägten Clanstruktur der Machthaber im Nahen Osten, um die es geht. Wenn alle Ungläubigen, Abweichler und Reformer als »Schweine«

und »Affen« bezeichnet werden, dann gilt das oft auch implizit für die gesamte westliche Welt. Unabhängig davon, wie viele einträgliche Rüstungsgeschäfte wir mit einem wahabitisch geprägten Staat machen.

All diese Bilder und die Fragen dazu jagen durch meinen Kopf, als ich plötzlich neben einer zerstörten Grabkammer etwas entdecke: ein zerbrochenes Kreuz. Ich hebe es auf, reinige es vom Staub und sehe es lange an: Für mich wird es zum Symbol unserer Zeit, für die gespaltene Gesellschaft, die wir sind. So wie dieses Kreuz zerbrochen wurde, so möchten Extremisten auch die Gesellschaft spalten, möchten uns glauben machen, dass es nur Muslime und Nichtmuslime geben würde, die schon bald zum apokalyptischen Krieg gegeneinander antreten und damit die Endzeit einläuten würden.

Auf einmal lächele ich. Weil ich so viele Menschen getroffen habe, die gebrochen sind, aber nicht zerbrochen. Weil ich auf meinen Reisen so viele Hoffnungsträger gefunden habe, die das zerbrochene Kreuz unserer Gesellschaft wieder zusammenfügen wollen und können. Getrieben durch die Gewaltexzesse des IS steht die weltweite Umma, also die Gemeinschaft aller Muslime, vor der großen Herausforderung, einen Wandel herbeizuführen. Ansonsten wird sie nicht überleben und wegen der Gewalt, der im großen Maße Muslime zum Opfer fallen, in sich zusammenbrechen.

Der Westen wiederum wird vor der großen Herausforderung stehen zu akzeptieren, dass der Glaube an den Materialismus mit seinen neoliberal-kapitalistischen Zügen und dem bisweilen schon fast perversen Maß an Konsum, ein entscheidender Grund für die Ungleichheit in der Welt ist, mit all den damit verbunden Konsequenzen. Ewiger Konsum, der nicht funktionieren kann – wir haben nur eine Erde mit limitierten Ressourcen – wird den spirituellen Aspekt des Lebens, und damit einen immateriellen Bezug zur Schöpfung, niemals ersetzen können. Die Menschheit muss dies begreifen, wenn sie nicht scheitern möchte.

Das zerbrochene Kreuz als Symbol für Zerstörung, aber auch Hoffnung für einen Neuanfang, habe ich übrigens mit nach Deutschland genommen. Um es an einem Ort aufzubewahren, der jedem zugänglich ist, der an die Menschheit glaubt. So wie die vielen unterschiedlichen Menschen, die ich in den vergangenen Jahren getroffen hatte. Denn aus solchen Menschen wird wirklich eine Menschheit. Menschheit und Menschlichkeit.

Der Weg des Friedens

Syrien, Irak, Libanon, Türkei, Ägypten, Iran ... Auf der Suche nach dem, was christliche Identität ausmacht, waren Leid, Krieg und Gewalt meine Begleiter. Nicht selten bestand Gefahr, körperlich und seelisch. Doch fand ich auch Freude, Hoffnung und Zuversicht in den Augen derer, die jung sind und die Zukunft prägen werden. In einer Welt, die eine tiefe Spaltung aufweist, mit Minderheiten, die bereits seit Jahrhunderten zum Spielball verschiedenster Machtinteressen verkommen sind.

Der Westen hat sie im letzten Jahrhundert benutzt, um die eigenen Machtinteressen zur Zeit der kolonialen Expansion sichern zu können. Im Besonderen sind hier das britische Empire, das russische Zarenreich und auch die Französische Republik zu nennen, die während des Ersten Weltkrieges alles daran setzten, den »Kranken Mann am Bosporus«, das zerfallende Osmanische Reich, durch separatistische Bewegungen von innen heraus zu schwächen. Christen wie zum Beispiel die Assyrer im heutigen Irak oder die Armenier, aber auch arabisch-muslimische Stammesgesellschaften wurden dazu ermutigt, eine eigene nationale Identität zu entwickeln. Viele Konflikte, die wir heute so entsetzt verfolgen, haben ihren Ursprung in dieser Zeit. Es ist davon auszugehen, dass weder das Deutsche Kaiserreich, das mit dem verbündeten Osmanischen Reich eine »Dschihad-Offensive« initiierte, noch das russische Zarenreich, das britische Empire oder die Französische Republik in Wirklichkeit ein Interesse an der nationalen Erweckung der Völker hatten. Es ging ihnen schlichtweg um die Zugänge zu Rohstoffen und Macht. Es ist eine Ironie des Schicksals, dass ausgerechnet das »christliche« deutsche Kaiserreich vor einhundert Jahren, vorwiegend Intellektuelle und Politiker, den Kriegs-Dschihad für ihre Zwecke einzuspannen versuchten. Es war kein Geringerer als Max von Oppenheim, der unter anderem als kaiserlicher Diplomat und Nachrichtendienstler in Kairo wirkte, der sich mit folgenden Worten einen Platz in der Geschichte des Dschihadismus sicherte: »Der Islam ist eine unserer wichtigsten Waffen im Kampf gegen England.«

Oppenheim war sich der Schlagkraft des »Heiligen Krieges« bewusst, der aus einfachen Soldaten Wesen machte, die ihr Heil – und ihre Erlösung – im Tod suchten. Eben mit der Hoffnung, im Jenseits dafür den Lohn zu erhalten. Die Idee, Religion als Waffe zu missbrauchen, in diesem Fall vor allem den Islam, kam aber natürlich nicht nur Max von Oppenheim und den Deutschen. Lawrence von Arabien, dessen Figur immer wieder romantisiert und sogar fast hagiographiert wird, verfolgte das gleiche Ziel, als er eine Sekte, die wir heute als Wahhabiten kennen, dazu brachte, den »Heiligen Dschihad« auszurufen, um gegen die Feinde Englands zu Felde zu ziehen. Als Gegenleistung erhielten sie Macht und gründeten in Saudi-Arabien einen Staat, der heute das Weltgeschehen prägt, auf wenig rühmliche Weise freilich. Die Wahhabiten, eine ehemalige Sekte, die sich in der Minderheit befand, nutzten ihre Macht, um Jahrzehnte später einen ultraorthodoxen Islam in die Welt zu exportieren. Mit all den verheerenden Folgen, wie wir sie heute kennen. Weitere Nationen führten im Laufe der Zeit den Aspekt des Dschihads fort. Der Rest ist Geschichte, wenn man sich zum Beispiel den Sieg der Mudschaheddins in Afghanistan gegen die sowjetischen Besatzer näher ansieht. Und ich bin absolut davon überzeugt: Ohne den »Dschihad-Gedanken«, initiiert durch die CIA, hätte es Al-Qaida oder den IS zumindest in dieser Form nicht gegeben.

Doch zurück zum Status Quo. Die regionalen Mächte im Nahen Osten werfen nun die Würfel, um ihren Nutzen aus dessen tiefer Spaltung zu ziehen. Oft mit der Absicht, den bereits eingeschlagenen Keil noch tiefer in die Gemeinschaft der wenigen verbliebenen christlichen Gemeinden zu treiben. Man spürt aus diesen Zeilen bereits, dass sich meine Ansichten gegenüber der westlichen Welt, in der ich ja aufgewachsen bin, zu der ich gehöre, in den letzten Jahren deutlich verändert haben. Ich habe die Folgen des Ringens um Demokratie und Menschenrechte im Nahen Osten, die oft einem gut gemeinten Irrglauben aufsaßen, vor Ort erlebt. Und ich weiß, dass der sogenannte »Westen«, ohne dass er einen eigenen Vorteil dadurch hätte, sei es wirtschaftlicher oder militärischer Natur, sich nie über Gebühr für Minderheiten einsetzen wird – oder zumindest im Fall einer Güterabwägung sehr schnell mit den Machthabern und Regimen kollaborieren wird. Die Energieversorgung Europas, politische Beziehungen zum Nahen Osten und auch Aufträge für die Wirtschaft spielen eine primäre Rolle. Schließlich geht es um Arbeitsplätze in Deutschland und nicht Leben in Syrien oder dem Irak.

Was zeichnet Europa aber nun aus?

Für mich stellt sich nach den Jahren im Nahen Osten mehr denn je die Frage: Was zeichnet Europa eigentlich aus? Ich bin eingetaucht in fremde Welten und dabei ist mir meine »eigene« Welt, die gar nicht so sehr meine eigene ist, wie ich es immer gedacht hatte, selbst etwas fremd geworden. Was also zeichnet Europa aus: allein die Ökonomie? Oder doch die an Menschenrechte gebundenen Werte des Abendlandes wie Religionsfreiheit, Freiheit im Denken, Gleichberechtigung von Frau und Mann... Berechtigen uns wirtschaftliche und politische Interessen, eine ganze Religionsgemeinschaft, samt Kultur und Tradition, in einen weiteren Genozid zu treiben?

Auch meine Einstellung gegenüber den Kirchen im Nahen Osten hat sich verändert. Denn auch sie sind immer noch im jahrhundertealten Denken der Clanstrukturen verankert. Doch nun erleben wir eine neue Phase der Vertreibung und des Mordens, einen weiteren Genozid. Im Osmanischen Reich hatten wir wenigstens einen »Dhimmi«-Status mit Minderheitenrechten als Menschen zumindest zweiter Klasse. Heute, im 21. Jahrhundert, bleiben vielen Christen in diesen Gegenden nur die Konversion, die Vertreibung oder der Tod, den Jesiden gar nur der Tod oder die Sklaverei. Dabei sind doch genau die orientalischen Christen jene Kraft, die seit fast 2000 Jahren das kulturelle und ökonomische Rückgrat im Nahen Ostens bildet.

Als »Dhimmis« genossen Andersgläubige einen Status als Menschen zweiter Klasse mit einem Mindestschutz auf der Grundlage von Mindestrechten, die erheblich von denen der regulären muslimischen Bürger abwichen. Heute verhält es sich in den muslimischen Staaten anders, zumindest in denen, die sich an den Gesetzen der Scharia orientieren. Sie bieten einen gemeinschaftsbezogenen Schutz ohne Minderheitenschutz, der nicht selten für die verbliebenen christlichen Denominationen zum Verhängnis wird.

Hinzu kommen die patriarchalischen Clanstrukturen, die absolute Gültigkeit beanspruchen. In diesen Strukturen gilt ein eiserner Gehorsam dem Clanchef gegenüber. Diese hierarchisch-autoritären Strukturen stehen autokratischen Regimen sehr viel näher als den Freiheitsrechten und Strukturen demokratisch-liberaler Systeme. Deshalb sind Clanstrukturen mit autoritären politischen Systemen sehr gut kompatibel. Für viele Unterstützer von Clanstrukturen und Diktaturen steht die Sorge um die eigene Zukunft stärker im Vordergrund als der Wille zu demokratischen oder freiheitlichen Reformen. Frei nach dem Motto: »Besser Atmen und einige wenige Rechte haben, als alle zu verlieren.« Damit konterkarieren diese Strukturen notwendige Entwicklungen, die für Christen und andere Religionsgemeinschaften oder Minderheiten fundamentale Menschenrechte einfordern könnten. Viele »islamische Länder« nutzen die Clanstrukturen und deren Verwurzelung in Geschichte, Tradition und Denken der Menschen, um ihre Politik der Ausgrenzung weiter zu befördern. Sie machen das teilweise sehr geschickt, und wir fragen uns viel zu selten: Helfen uns gut gemeinte Worte in Richtung Europa, die mehr als Beruhigungspille zu verstehen sind, wirklich? Sind die Europäer tatsächlich so naiv zu glauben, dass Worte in die Tat umgesetzt werden, nur weil sie auf einem Stück Papier festgelegt wurden, oder weil das Politiker in der Tagesschau, bei TF1 oder der BBC verkünden? Wirklich, sind wir so naiv?

```
Islam - Junge Menschen suchen
nach individueller Entfaltung
und Selbstbestimmung
```

Meine Ansichten dem Islam gegenüber haben sich – im Laufe der letzten sechs Jahre – verändert, mehr aber noch gegenüber vielen Muslimen. Damit meine ich nicht die Fanatiker, denen ich immerhin nicht mehr diesen rasenden Hass und die zersetzende Wut entgegenbringe. Ich meine vor allem die junge Generation gebildeter und wissenshungriger Bürger, die sich aus den Ketten der Tradition und religiös-gesellschaftlicher Regeln zu befreien versucht. Sie suchen nach individueller Entfaltung und Selbstbestimmung und finden zu einer stärker werdenden Toleranz gegenüber anderen Religionen und Kulturen. Gerade weil der IS im Namen des Islam mordet, verschleppt, vergewaltigt und unwiederbringlich ein Stück Geschichte zerstört, versuchen sie, die Geschichte ihrer Religion und ihrer Kultur selbst zu erzählen. Und das ist keine Geschichte von Hass und Gewalt, sondern von Frieden und Zusammenleben. Das ist keine naive Hoffnung, sondern eine starke Kraft, die ich selbst an den trostlosesten Flecken gefunden habe – und die Verpflichtung für alle ist, sie zu fördern, sie zu erhalten, mit ihr zu arbeiten. Und ohne dabei behilflich zu sein, diesen jungen Menschen, einer Graswurzelbewegung gleich, die Grundessenz demokratischer Strukturen beibringen zu können, werden sie es nicht schaffen, die Politik von morgen zu gestalten, die Frieden und Toleranz garantiert.

Das bedeutet auch, Menschen zu beschützen oder ihnen die Fähigkeit zu geben, sich selbst zu beschützen. Ich weiß heute, dass vor allem die Christen, wenn sie nicht für ihre eigene Sicherheit sorgen können, es nicht schaffen werden. Das heißt, dass wir ihnen zur Not die Waffen in die Hand geben müssen, um sich und ihre Zukunft selbst verteidigen zu können.

Irak oder Syrien – es ist die Pflicht der Jugend, die Einheit zu suchen!

Meine Ansichten gegenüber der jungen Generation der Christen, und hier im Besonderen im Irak und in Syrien, ob sie sich nun Assyrer, Aramäer, Chaldäer oder allgemein Suryoye nennen, haben sich ebenfalls verändert. Wann immer ich kann, sage ich: »Es wird eure Pflicht sein, die tiefe Spaltung, die es euch momentan nicht erlaubt, euch von den Ketten der Einflussnahme fremder Mächte loszureißen, zu überwinden.« Dies kann ihnen aber nur gelingen, wenn sie nach Jahrhunderten des Daseins als Spielball dieser Mächte – und teilweise Untergebene der Diktaturen – eine Chance bekommen. Eine Chance, nach langer Zeit wieder Verantwortung zu übernehmen, um das eigene Schicksal schmieden zu können. Ohne äußere Einflüsse wird das wahrscheinlich auch weiterhin nicht funktionieren. Allerdings führten die Interventionen der Vergangenheit, eingeleitet durch militärische Aktivitäten, in den meisten Fällen nicht zum Erfolg. Bildung, struktureller Aufbau, die Bekämpfung der Korruption, Rechtsstaatlichkeit und im Besonderen die Einhaltung der universellen Menschenrechte sollten stärker im Vordergrund stehen. Und vor allem: Die Gleichberechtigung der Frau und ihre Ausbildung – das wird essenziell für die Zukunft sein, übrigens auch für unsere Zukunft in Europa. Diese Forderung gilt gerade auch für die Menschen, die zu uns kommen. Gleichberechtigung wird nicht durch den Ortswechsel erreicht, sondern durch einen Mentalitäts- und Paradigmenwechsel.

Der deutsche Philosoph Odo Marquard hat einmal gesagt: Zukunft braucht Herkunft. Ich habe gesehen, wie die Herkunft vieler Minderheiten, wie die Herkunft meines Volkes vom Ausgelöschtwerden bedroht ist. Das muss verhindert werden. Allerdings nicht in Europa, den USA oder Australien. Sondern an der Wiege der Menschheit, in Syrien und vor allem in der Ninive-Ebene. Diese alte Heimat kann die letzte Chance für die Brückenbauer des Nahen Ostens sein.

Dafür muss eine eigene Identität geschaffen werden, jenseits der Religion, aber nicht ohne sie. Nur solch eine Identität ist der Garant dafür, dass man sich nicht nur selbst schützen kann: wirtschaftlich, kulturell und auch militärisch. Es wäre der Anfang, das wieder in Gang zu setzen, was der »Islamische Staat« gerade versucht zu vernichten.

Der Wert der Freiheit hat mich verändert!

Mein Denken hat sich verändert. Meine Ansichten gegenüber meinem eigenen Charakter und dem Wert der Freiheit durchliefen einen Prozess der Transformation. Ich meine das nicht so sehr begrenzt auf eine Freiheit, wie wir sie aus unserem demokratischen Gemeinwesen kennen, das uns unsere Rechte garantiert. Nein! Ich meine die Freiheit des Menschen, unabhängig seiner Herkunft, des Geschlechts und der Religion, sich von festgefahrenem Denken und starren Strukturen loslösen zu können. Um das Geschenk dieser Freiheit zu begreifen, müssen wir uns in die Sichtweise der jungen Menschen hineinversetzen, die im Irak, in Syrien, im Libanon, im Iran, in Ägypten, in Israel und vielen anderen Ländern dieser Welt leben. Müssen erahnen und uns einfühlen, wie groß ihre Sehnsüchte nach Sicherheit, wirtschaftlicher Stabilität und Frieden sind und wie stark sie von dem Gedanken beseelt sind, frei zu sein in genau diesem Sinne.

Haben sich meine Hoffnungen verändert? Genau weiß ich das nicht. Was ich weiß, ist, dass ich Hoffnungen gesehen, gehört und gespürt habe. Diese Hoffnungen können zusammen eine Hoffnung ergeben – davon bin ich überzeugt.

Fundamentale Probleme und Lösungen

Diese Hoffnungen gründen sich nicht nur auf die Begegnungen mit Menschen, mit Hoffnungsträgern. Sie gründen sich nach all den Jahren auf Schwerpunkte, die essenziell sind, um nicht nur Frieden im Nahen Osten zu schaffen, sondern ihn vor allem auch in Europa oder den USA zu erhalten.

1. Der Krieg gegen die Frauen – Integration

Ich dürfte etwa achtzehn gewesen sein, als ich mit Hakan, einem türkisch-alevitischen Schulfreund, nach Lederjacken einer bekannten Modekette suchte. Wir wurden fündig. Hakan rief daraufhin seinen Vater an und fragte nach, ob er eine Lederjacke kaufen dürfe, die aus Schweineleder gefertigt sei. Ich schmunzelte. Hakan erklärte mir, dass dieser Aspekt für ihn persönlich wichtig sei, er aber damit keinen Einfluss auf andere nehmen wolle. Yildirim wiederum, ein kurdisch-sunnitischer Freund, der ebenfalls oft mit mir und Hakan die Straßen unserer Heimatstadt entlanglief und noch grimmiger schaute, als Hakan und ich es jemals zusammen hätten tun können, dieser Yildirim trank und rauchte. Er war Sunnit und fragte nicht nach den Lehren seiner Religion, er lebte seine Spiritualität rein privat aus. Allerdings gab es bald darauf Entwicklungen, die uns alle vor Augen hielten, dass wir einem ähnlichen Kulturkreis entsprungen sind, der durch das Patriarchat und dessen Regeln geprägt ist.

Viele Jahre später, nach den Anschlägen von 2001 und dem angeblich so hoffnungsvollen arabischen Frühling, trat Fatemeh in mein Leben, jene Diplomatentochter, die mich im Iran begleitet hatte. Fatemeh trägt eine Kopfbedeckung, manchmal in Schwarz, manchmal in Rot. Sie darf mir nicht die Hand geben und hält sich an die religiösen Gebote. Trotzdem baute sich zwischen der Doktorandin und mir eine Vertrauensbasis auf, die von Neugierde geprägt war und ist. Der gegenseitige Wissensaustausch und der daraus resultierende Eindruck bestätigten mir, dass diese junge Dame ohne Weiteres Teil der deutschen Gesellschaft sein könnte.

Fatemeh, Hakan oder Yildirim sind gute Beispiele dafür, dass Integration im Sinne eines aufgeklärten Islam möglich ist. Entsprechend gehören diese Menschen mit ihrem Glauben definitiv zu Deutschland oder könnten dazugehören. Dabei sollten wir uns vor Augen halten, dass es bei allen Debatten nicht um den einen Islam geht. Aus meiner Sicht dreht es sich vor allem um den politischen Islam und um eine bestimmte patriarchalische Kultur und Struktur, mit all den positiven wie negativen Eigenschaften.

Dabei ist eine Tatsache nicht zu leugnen: Islamisten führen einen Krieg gegen die Frau. Genauer gesagt: gegen die Frau und für jene drei Funktionen, die allein der Frau zugeordnet werden, nämlich Mutter, Tochter und Ehefrau. Die so verstandene Frau hat im Sinne des Patriachats und der Clanstruktur, wie sie intensiv im Nahen Osten ausgelebt wird und wie sie durch die Flüchtlinge und Migranten nun zu uns gelangt, die Ehre der Gesellschaft, des Clans, der Familie zu bewahren. Die Clanstruktur ist gemäß dem Prinzip von »haram« (»unrein«) und »halal« (»rein«) strukturiert.

Die Frau wird in solchen Strukturen oft reduziert auf ein Ding, eine Sache, ein materielles Gut oder im schlimmsten Fall auf eine Kriegsbeute, wie es der »Islamische Staat« zu tun pflegt.

Wenn es um die Integration junger Muslime geht, schaffen wir es heute immer noch nicht, den eigentlichen, den wahren Kern des Themas anzugehen, das Patriarchat. Es ist verführerisch einfach, nur die Religion als Begründung heranzuziehen. Dem Familienoberhaupt, dem Ehemann, dem Bruder fällt es schwer, über die Tatsache zu sprechen, dass die patriarchalische Tradition der Kern aller Integrationsprobleme ist. Christlichen Gemeinschaften aus dem Nahen Osten geht es beim Umgang mit der Frau oft kaum anders. Sie haben allerdings einen entscheidenden Vorteil: Die christliche Brücke zum Abendland erleichtert es ungemein, sich an westliche Normen anzupassen, losgelöst von der Ohnmacht der islamischen Welt gegenüber einem technisch haushoch überlegenen Okzident und den demütigenden Erfahrungen, die dieser Okzident die islamische Welt vor allem im Zuge des Imperialismus hat machen lassen.

Meine Erfahrungen speisen sich aus vielen journalistischen und diplomatischen Reisen der letzten Jahre, die mich immer wieder in die Kriegsregionen des Nahen Ostens geführt haben. Ich habe hautnah, im wahrsten Sinne des Wortes, erlebt, welchen Vorteil es hat, einem Clan anzugehören – besonders, wenn es um das eigene Überleben geht. Als westlicher Journalist wäre ich nicht einmal in die Nähe der Orte gekommen, die ich besuchen konnte. Ich hätte nie die vielen Menschen treffen können, Muslime und Christen, Frauen und Männer, Junge und Alte, Politiker und Kleriker, die mich tief beeindruckten oder teils, wie es bei Dschihadisten der Fall war, anwiderten.

Die Extremisten mit dem »Islamischen Staat« an der Spitze leben in überzogenem Maße das aus, wogegen viele in der nahöstlichen Gesellschaft vorgehen möchte, die Verachtung der Frau. Während der IS die Kämpfer am Boden eher als Kanonenfutter betrachtet, hat die Führung die Gesellschaft gelähmt, in dem die Frauen zur Waffe werden: »Seht her«, lautet die Aussage der Extremisten an die Männer, »wir können euch jederzeit demütigen. Eure Ehre wird dadurch beschmutzt und ihr seid nichts wert.« Das heißt nichts weniger als: Ein wichtiger Teil des kulturellen Codes des Nahen Ostens ist an die Sexualität der Frau gekoppelt.

Folglich muss die Revolution tatsächlich aus der nahöstlichen Gesellschaft selbst kommen, und sie muss mit der Befreiung der Frau beginnen. Erst dann werden wir auch eine ehrliche und offene Debatte im Westen führen können. Die salafistisch-wahabitisch geprägte Interpretation des Islam hält die Nachteile und Gefahren der Clanstruktur ebenso am Leben wie die Unterdrückung der Frau, mit all ihren verheerenden Folgen. Ohne diese Revolution werden die Gleichberechtigung der Frau und damit eine friedvolle Zukunft der Region nicht möglich sein. Und in Europa werden Parallelgesellschaften entstehen, weiter entstehen, die die Gesellschaft spalten können, wie das zerbrochene Kreuz, das ich auf meiner letzten Peacemaker-Reise in den Irak gefunden habe.

2. *Die Dogmatik des Extremismus*

Seit Jahren weise ich in Vorträgen und Artikeln immer wieder auf eine Entwicklung hin, die für Europa dramatische Folgen haben wird. Die Flüchtlingskrise mit all ihren Verwerfungen und Herausforderungen war absehbar. Die objektive Betrachtung der demographischen Entwicklung der Gesellschaft im Nahen Osten, also der rasante prozentuale Anstieg junger Menschen, reicht dazu völlig aus. Die Probleme der Region sind Folge eben jener demographischen Entwicklung sowie der geringen Expansion der Wirtschaft und Infrastruktur in den betroffenen Ländern. Israel, die einzige Demokratie im Nahen Osten, stellt dabei eine Ausnahme dar. Perspektivlosigkeit und andauernde Konflikte, auch bedingt durch die völkerrechtswidrige Invasion 2003 im Irak, führten zu Frustration und letztendlich zu einer Spirale aus Radikalisierung und sich exzessiv ausbreitender Gewalt – ein fruchtbares Fundament für extremistische Gruppierung wie den »Islamischen Staat«.

Gruppierungen wie der IS wiederum machten sich die technologischen Entwicklungen zunutze, befeuert durch die Datenströme dieser Welt. Sie globalisierten den Dschihad, hollywoodreif inszeniert, besonders in den sozialen Medien, darauf abzielend, durch den »Cyber-Dschihad« die Konflikte des »Hauses des Krieges« in die Kinderzimmer und damit in die Köpfe unserer Jugend zu tragen. Übrigens war es kein Geringerer als der damalige Vizechef und jetzige Anführer von Al-Qaida, der Ägypter Aiman az-Zawahiri, der bereits vor mehr als zehn Jahren ankündigte, dass wir uns in einem kriegerischen Transformationsprozess befänden und dass sich der »Dschihad« von der Straße in die Medien verlagern würde. Die Nachfolger des »Islamischen Staates«, eine indoktrinierte Generation Kinder und Jugendlicher, werden bestrebt sein, ihre Meister an Brutalität und vor Blut triefender Gewalt zu übertreffen.

Es wäre deshalb auch ein fataler Trugschluss zu glauben, dass alles mit dem »IS« endet, sollte er einmal besiegt sein. Einerseits, weil der Krieg aus den Kinderzimmern zurück auf die Straße schwappen wird. Andererseits, weil es nicht reicht, nur die Symptome bekämpfen, und nicht die Wurzeln allen Übels anzupacken. Dazu gehören eben jene Wurzeln wie der vorher angesprochene »Krieg gegen Frauen« oder bestimmte Clanstrukturen.

3. Schutz der Religionsfreiheit

Zu diesen Wurzeln gehört auch die Einschränkung oder Nichtexistenz von Religionsfreiheit. Bezeichnend, dass 2016 erst die 2. Internationale Parlamentarierkonferenz in Berlin (2016) zu jenem Thema stattfand. Damals waren 100 Parlamentarier aus 60 Ländern zusammengekommen, um über eines der wichtigsten Rechte der Menschen zu diskutieren und Lösungsansätze zu definieren. Dabei geht es nicht nur um das Recht, seine Religion frei ausleben zu können. Es geht auch um das Recht, seine Religion zu verlassen, wenn einem danach ist. Einen anderen Glauben anzunehmen, wenn man möchte – oder diesen sogar ganz sein zu lassen. Mit dem Thema Religionsfreiheit ist auch das Recht verbunden, sich frei sexuell zu orientieren und sich so kleiden zu können, wie es einem gefällt.

Ich war damals stellvertretend für den Zentralrat Orientalischer Christen in Deutschland und für das »Project Peacemaker« sowie als freier Journalist vor Ort. Es waren hochkarätige Gäste, aus Deutschland zum Beispiel auch Kanzlerin Angela Merkel, angereist, es gab glänzende Reden. Es ging dabei nicht nur um die Zukunft, sondern auch das Hier und Jetzt. Um den Frieden auf der ganzen Welt. Um einen Frieden, der uns alle betrifft und nach dem sich die meisten Menschen sehnen. Und gerade als ich den Erzählungen einer jesidischen Politikerin zuhörte, erreichte mich auf meinem Smartphone eine Nachricht. Ohne nachzudenken, öffnete ich sie und ein Video wurde abgespielt. Ohne Vorwarnung.

Die ersten Bilder handelten von Spionage und Aktivitäten, die einem Hollywood-Streifen hätten entliehen sein können. Was dann folgte, übertraf selbst das, was ich bereits kannte und löste in mir nur noch Abscheu aus. Es folgten grausamste Szenen, die an Barbarei und Unmenschlichkeit nicht zu übertreffen waren. Ich beobachtete, noch während die Podiumsdiskussion sich um das brutale Verhalten des IS im Umgang mit jesidischen Frauen drehte, wie genau diese Terrororganisation sunnitische Muslime, angebliche Spione, wie Vieh in einer Art Schlachthaus schächtete, aufgehängt an Fleischerhaken.

Ich saß also da, weit weg in Berlin, hatte noch die wunderbaren Reden im Ohr, doch den Kopf voll von Gedanken an all die Regionen des Nahen Ostens, die ich die letzten Jahre besucht habe, an all die Freunde, die jungen Menschen, die Politiker, die Geistlichen, die Gläubigen und Nichtgläubigen, die meinen Weg gekreuzt hatten. Ich sah auf die Abgeordneten und Delegierten vor mir und sah doch nur die Gesichter dieser Menschen und dachte: Wie viele haben gelitten? Wie viele haben Angst? Doch wie viele haben auch eine Hoffnung. Einen Wunsch. Einen Traum. Sie möchten frei sein von den Dämonen, die ihnen keinen Frieden lassen. Frei von der Geißel religiöser Indoktrination. Frei vom Eifer religiöser Fanatiker, die ihnen die Söhne, die Töchter, den Frieden rauben. Und nicht nur sie möchten frei von der Barbarei und der Unmenschlichkeit sein. Auch wir im Westen wünschen uns endlich Frieden und Freiheit in unseren Gedanken. Das wird nicht einfach so errungen werden, es ist ein langer Weg. Allerdings ein Weg, für den es sich lohnt zu kämpfen. Und dieser beginnt damit, frei seinen Glauben praktizieren zu können.

4. Der digitale Krieg der Kulturen – »Counter-Dschihad«

Terroranschläge in Kairo, Istanbul, London, St. Petersburg, Ankara, Berlin, Paris, Brüssel, Manchester, Madrid, Bagdad, Damaskus, Jerusalem, Teheran: Die Schlagzeilen häufen sich in letzter Zeit. So unsere Wahrnehmung in Europa. Doch tatsächlich hat sich, neben eben diesem angsteinflößenden Zustand, noch etwas anderes gravierend verändert. Es ist der entscheidende Grund dafür, dass wir Konflikte aller Art, im Besonderen den asymmetrischen Krieg extremistischer Gruppierungen, nun völlig neu in unserem scheinbar sicheren Refugium, unserem Zuhause im sicheren Europa, wahrnehmen. Diese Entwicklung ist die rasende und umfassende Digitalisierung des Krieges.

Um es vorweg auf den Punkt zu bringen: Hätten wir im technischen Bereich keinen massiven Fortschritt bei der Rechenleistung chipbasierter Rechenmaschinen gemacht, dazu zählen Laptops, Tablets und Smartphones, gäbe es auch den Extremismus mit all seinen Metastasen in dieser Form nicht. Im Besonderen sind hier während der letzten Jahre die exponentiell steigende Rechenleistung leistungsstarker Chips zu nennen, der gleichzeitig einsetzende und immer noch andauernde Preisverfall dieser Chips sowie die Miniaturisierung der Komponenten und Sensorik.

Bildlich betrachtet ist das im Westen entwickelte Smartphone die mächtigste Waffe jeder modernen extremistischen Strömung. Es ist das Tor in die Köpfe der Kinder und Jugendlichen und natürlich auch der Erwachsenen. Das Smartphone in der Hand zeichnet brennend scharf die Erlebnisse aus dem Kriegsgebiet, die aktuellsten Reden ultraorthodoxer Prediger oder die Enthauptung eines Gefangenen auf. Untermalt mit mal brachialer, mal melancholischer Musik und vollgespickt mit hollywoodreifen Effekten und schnellen Schnitten.

Das Smartphone ist das Vehikel der digitalen Welt, das Internet ebnet die Straßen, auf denen man fährt und die produzierten Inhalte bilden die Kanonen des Extremismus, die bis in den letzten Winkel unseres Lebens vordringen und uns ängstigen. Das bedeutet, dass wir gefühlt eben kein sicheres Zuhause, kein »trautes Heim« mehr haben. Wer früher entspannt zu Konzerten ging, mag heute vielleicht immer noch gehen, aber mit einem mulmigen Gefühl. Damit allerdings haben Extremisten uns mit unseren eigenen Waffen, die für sie eigentlich »haram« sind, in eine Falle gelockt. Sie suggerieren uns erstens, dass wird nicht mehr sicher sind und zwar egal, an welchem Platz und zu welcher Zeit. Und sie verstärken das Gefühl – und erzeugen es teilweise sogar –, dass die Gesellschaft eine nie dagewesene Spaltung durchlebt, in gläubige Muslime und Ungläubige (Christen, Juden, Atheisten, …)

Noch viel gefährlicher sind, und damit beschäftigen sich definitiv einige Extremisten, Cyberangriffe, wie wir sie in den letzten Monaten erlebt haben und vermutlich noch häufiger und brachialer erleben werden. Unsere Infrastruktur ist anfällig, und Begriffe wie DNS + MITM Injection, Mimic APP oder Silent Binary SMS waren den Wenigsten bisher bekannt. Oft über ein VPN-Zugang geschützt und im Schatten des Darknets gehen Hacker ihren Zielen nach und infiltrieren durch die oben genannten Tools unsere Systeme, um sie zum Kollabieren zu bringen. Das ist auch für Extremisten längst ein Schlachtfeld geworden. Das wiederum bedeutet, dass es Cyber-Abwehreinheiten geben muss, die uns gegen diese Angriffe wappnen, ihnen nachgehen, sie am besten schon im Vorfeld verhindern. Der »Cyber-Dschihad« nutzt also ironischerweise eine im Westen entwickelte Technologie für seinen »Heiligen Krieg«.

Der Kampf in diesem »Cyber-Dschihad« kann wiederum nicht einfach nur digital gewonnen werden. Er muss digital geführt werden, das auch. Aber das reicht nicht. Die Industrieländer und ganz besonders Europa, müssen sich darüber im Klaren sein, dass ohne einen massiven Wirtschaftsplan und ohne Investitionen sowohl in Afrika als auch im Nahen Osten Frieden und damit auch der Friede in Europa nicht realisiert oder nicht gehalten werden kann. Allein schon die demographische Entwicklung in Afrika und dem Nahen Osten lässt dies nicht zu. Die Welt des Islam wiederum muss sich darüber im Klaren sein, dass eine Koran-Interpretation, die patriarchalische Strukturen stützt, die alle anderen als Ungläubige und Menschen zweiter Klasse definiert, wie es teilweise in den Moscheen gepredigt wird, implodiert. Dieser Islam bricht spätestens dann zusammen, wenn die Ressourcen erschöpft sind und es kein weiteres wirtschaftliches Fundament gibt, weil technische Errungenschaften sich nie entwickeln konnten. Mit digitaler Macht oder gar militärischer allein kann dieser Kampf daher nicht gewonnen werden. Gerade wegen des »Cyber-Dschihads«: Das Bild einer Bombe, das ein Haus und eine Familie trifft, wird aufbereitet, instrumentalisiert, weltweit viral, und schürt Hass und Ressentiments. Ohne dass von vielen gefragt wird, was eigentlich genau geschah und was dahintersteckt. Die Verbindung moderner Technik mit religiösem Fanatismus ist eine Herausforderung, die digital und analog, um dieses Begriffspaar zu gebrauchen, gemeistert werden muss.

Lebensgefahr in Europa

Das, was ich beschrieben habe, hat sehr viel mit Europa, mit unserer Heimat zu tun. Das sollten die vorherige Analyse der Probleme und die Lösungsvorschläge zeigen. Dass sie nötig sind und das nicht nur in der Theorie, das habe ich Jahre vor meiner Peacemaker-Tour erfahren. Nicht im Irak, nicht in Syrien. Sondern im Herzen Europas, in Brüssel.

Es war der späte Nachmittag des 11. Mai 2012, ich war von Berlin aus nach Brüssel geflogen. In Berlin hatte ich gerade eine längere Besprechung mit Vertretern der Kirchen und Politikern bei der Konrad-Adenauer-Stiftung hinter mir, in der es auch um das Thema »Integration – Diaspora« ging. Es ist eine Ironie des Schicksals, dass mich genau dieses Thema an diesem Tag intensiver beschäftigen sollte, als es mir lieb war.

Die Fahrt mit der Bahn vom Flughafen zur Innenstadt, in meinem Fall war das Ziel »Brüssel-Süd«, kostete mich lediglich ein paar Euro. Nach einer knappen halben Stunde Fahrt verließ ich die Ankunftshalle der Station »Süd«, um in das Viertel Anderlecht einzutauchen, ich wollte zum Placa Bara. Eine freundliche Passantin an der Bahnstation gab mir zu verstehen, dass es nicht weit wäre und so beschloss ich, zu Fuß zu gehen.

Durch meinen Kleidungsstil, ich trug noch Anzug und Rucksack und den Laptoprucksack über meiner Schulter, hatte ich wohl die Aufmerksamkeit einiger Mitbürger auf mich gezogen, die mir nicht so wohl gesinnt waren. Ich wurde ganz offensichtlich »vorgescannt«. Erst noch unbewusst, später dann ganz offensichtlich von einer Bande junger Männer, die alle dem afrikanisch-orientalischen Kulturkreis zu entstammen schienen. Mit meinem Aussehen schien ich ideal in das Beuteschema dieser frustrierten und gelangweilten Männer zu passen: Ich sollte ihr nächstes Opfer sein.

Fast am Ziel angekommen, fragte ich sicherheitshalber und in freundlichem Ton noch einmal einen dunkelhäutigen Mitbürger, ob ich tatsächlich den richtigen Ort erreicht hatte. Dieser kleine Halt an der Straßenecke war das Signal, auf das der Täter gewartet hatte. Ein junger Mann, äußerst aggressiv im Auftreten, tauchte plötzlich neben dem anderen auf, mit dem ich mich gerade unterhielt. In diesem Moment war es mir sofort bewusst, dass dieser Mensch, der anscheinend unter Drogeneinfluss stand, auf Konflikt aus war. Impulsiv und mit schnellen Schritten kam der junge Mann auf mich zu, das Gesicht verzerrt und die Augen glasig. Mein Gefühl, dass der junge Aggressor unter Drogen stand, verfestigte sich und wurde später von den Behörden bestätigt. Ich kannte die Unberechenbarkeit von Junkies zu Genüge, wusste also, dass es am klügsten war, erst einmal Distanz aufzubauen und sich Handlungsraum zu verschaffen. Als der junge Mann mir auch noch provozierend den Mittelfinger zeigte, ließ ich gezwungenermaßen meinen Trolli los und hielt meinen Rucksack mit den Wertgegenständen fest an meinen Körper gedrückt. Auch um mich im Fall der Fälle damit verteidigen zu können. Mit wüsten Beschimpfungen wurde ich weiter in die Defensive gedrängt, bis es mir möglich war, ohne den Trolli freilich, mit einigen Schritten auf die offene Straße hin ein bisschen Distanz zu gewinnen. Nun aber nur noch wütender, machte der Angreifer mit einem Satz einen Sprung auf die Straße und stand genau vor mir, um im nächsten Moment in mein Gesicht zu spucken. Irritiert davon und durch den Reflex, mir die Flüssigkeit aus den Augen zu wischen, merkte ich nicht, wie er zu einem ersten Fausthieb ausholte, der mit voller Wucht meine rechte Schläfe streifte und das Auge traf. Das folgende Schwindelgefühl und die sofort einsetzende Schwellung raubten mir die Sicht. Den Rucksack immer noch umklammernd versuchte ich erneut, Raum zu finden. In diesem Moment folgte der zweite Fausthieb, der durch meinen schnellen Reflex nur meinen linken Wangenknochen traf. Das war allemal besser, als einen Schlag auf den Kopf oder direkt auf die Schläfe zu bekommen. Immer noch auf der Suche nach einer größeren Menschenmenge taumelte ich für ein paar Sekunden weiter auf die offene Straße zu. Allerdings hielt ich den Rucksack weiter fest umklammert, auf den es der Angreifer und die Gruppe im Hintergrund abgesehen hatten. Die vielen Passanten, die die Situation beobachteten, schienen nicht eingreifen zu wollen. Manche der herumstehenden jungen Beobachter schienen eher noch auf einen bestimmten Moment zu warten.

Als ich mich fast schon damit abgefunden hatte, mich und meine Gegenstände gegen diesen Irren verteidigen zu müssen, bekam ich unverhofft Hilfe von einem arabischstämmigen Mann mittleren Alters. Er winkte mich zu sich und rief etwas in Richtung der Angreifer, es klang wie »Polizei«. Er zeigte auf sein Handy, und ich verstand die Geste. Der junge Afrikaner wurde langsamer, er zögerte, schien zu kapieren, dass sein Plan nicht aufgehen würde. Ich dachte schon, dass dank meines arabischstämmigen Helfers das Schlimmste überstanden war. Doch was nun kam, hätte ich in außereuropäischen Regionen vielleicht noch erwartet, aber sicher nicht hier, im Herzen Europas.

Die Polizei kam tatsächlich wenig später an. Ich war noch verwirrt und konfus von den Fausthieben, die beiden eingetroffenen Beamten baten mich deshalb, zunächst in das Auto einzusteigen. Vorher bedankte ich mich noch respektvoll bei meinem Helfer und begann dann den Polizisten den Tathergang zu schildern. Der Junkie-Angreifer, der sich scheinbar in einer Bar versteckt gehalten hatte, schien es sich allerdings nach einer Weile anders überlegt zu haben und versuchte, mit einigen Freunden in einem Fahrzeug zu flüchten. Die Beamten allerdings reagierten blitzschnell, stellten das Fluchtfahrzeug und nahmen den Angreifer und die anderen Komplizen fest – darauf explodierte die Szenerie, alles spielte sich wie in Zeitlupe vor meinen Augen ab, ich habe selbst bei meinen Reisen durch den Nahen Osten nur sehr selten eine ähnliche beklemmende Atmosphäre erlebt: Aus mehreren Richtungen tauchten plötzlich Männer auf, alle sehr aggressiv und sehr wütend. In der Welt dieser jungen Männer war das Vorgehen der Polizei scheinbar eine Provokation und keine Ausübung ihrer staatlichen Pflicht. Ganz im Gegenteil. Der Versuch der Festnahme ließ den Mob sogar noch gewaltbereiter erscheinen, als es ohnehin bereits der Fall war. Die souverän auftretenden Beamten, die auf mich gut geschult für solche Situationen wirkten, bewahrten zumindest einen kühlen Kopf und versuchten in dieser gefährlichen Situation weiterhin, nicht die Kontrolle zu verlieren.

Einige Minuten später, nach dem Eintreffen von mindestens zehn Polizeibeamten inklusive einer Hundestaffel, waren der Einsatz von Pfefferspray und Schlagstöcken leider nötig, um den immer wilderen Mob in die Schranken zu weisen. Dies alles nur, damit der unter Drogen stehende Angreifer verhaftet werden konnte. Damit erreichte die massiv zu spürende Aggression noch einmal ihren Höchststand, die sich nun auch gegen mich und nicht nur gegen die Beamten richtete. Beteiligte dieser fast schon kriegerisch auftretenden Gruppe zeigten mit dem Finger auf mich und formten dabei gestikulierend das Zeichen einer Pistole. Ein junger Mann, der besonders wütend aussah, schaute mir direkt in die Augen und gab mir mit einem Wink über seine Hals zu verstehen, was er gerne mit mir tun würde …

Diese plumpen Drohungen vermochten es allerdings nicht, mich auch nur im Geringsten zu beeindrucken – und werden es wohl auch nie tun. Ganz im Gegenteil, sie haben den Willen in mir gestärkt, zukünftig wichtige und richtige Entscheidungen in meiner Heimat und für meine Heimat zu treffen.

Zwei junge, besorgt wirkende Beamte begleiteten mich, als die Situation sich etwas beruhigt hatte, ins Krankenhaus, in dem ich untersucht werden sollte. Während der Untersuchung kamen ich und beiden Polizisten ins Gespräch. Und das, was mir die Beamten über ihre Arbeit zu berichten hatten, ließ mein Gesicht zu Stein erstarren: Bei der Festnahme des Angreifers, während die allgemein sehr aggressive Stimmung ihren Höhepunkt erreichte, hatten nicht nur ich, sondern auch die Beamten bemerkt, dass der gesamte Vorgang von Anfang an auf Handy aufgezeichnet wurde. Einer meiner Beschützer meinte sogar ironisch, dass er sich jetzt für sein beherztes Handeln vor der Justiz rechtfertigen müsse, weil das Video am nächsten Tag bei Youtube auftauchen würde. Ich konnte es nicht fassen. Die Beamten hatten Gewalt angewendet, aber sie hatten sie anwenden müssen, um sich selbst und um mich zu schützen. Dass das eventuell gegen sie verwendet werden könnte, dass sie sich zumindest gegen falsche Anschuldigungen absichern mussten, war absurd.

Falsche Toleranz und Schläge ins Gesicht

In den weiteren Gesprächen wurden mir die Schwächen des Justizsystems in Belgien geschildert, die die jungen Attentäter in Brüssel nur zu gut kennen und auszunutzen wissen. So dauert es viel zu lange, bis ein Prozess gegen einen Kriminellen ins Rollen kommt. Nach einigen Monaten haben junge schuldige Männer nicht das Gefühl, für ihr Handeln belangt werden zu können. Bestrafungen, die ein Strafmaß von drei Jahren nicht erreichen, werden auf Bewährung ausgesetzt. Mich schockierten deshalb gar nicht so sehr die Verletzungen und Blessuren, die ich davongetragen hatte, sondern eher die Respektlosigkeit gegenüber der Staatsgewalt als Hüterin der Ordnung. Fassungslos hörte ich den Beichten der Beamten zu, die mich während meines dreistündigen Aufenthalts im Krankenhaus fürsorglich begleiteten. Die Frustration muss groß sein, wenn man sich als Polizeibeamter wegen der kleinsten, leider notwendigen Gewaltanwendung gegenüber Kriminellen vor der Justiz rechtfertigen muss. Sollten dann noch Disziplinarmaßnahmen folgen, ist das Maß bei vielen Polizeibeamten voll.

Das Schlimmste war dabei noch nicht einmal, dass die Beamten für ihren Willen, den demokratischen Staat zu schützen, von diesem auch noch bestraft werden können. Als grenzüberschreitendes Problem sahen die Beamten die Tatsache, dass hauptsächlich junge Migranten den Rechtsstaat als die das System schützende Instanz nicht mehr anerkennen – das war das Frustrierendste und gleichzeitig Besorgniserregendste, was ich je von einem Polizeibeamten gehört habe.

Einer meiner Begleiter tröstete sich damit, dass er viele Freunde aus dem orientalischen Kulturkreis habe, die hervorragend integriert sind und das System als das erkennen und anerkennen, was es ist: ein rechtssicherer Raum, in dem viele Ethnien und Religionen gemeinsam in Harmonie und Frieden leben können. Diese Menschen bilden definitiv die Mehrheit, die auch nur ein friedliches Leben haben möchte, aber gerade wegen solcher Ereignisse mit immensen Vorurteilen zu kämpfen haben.

Dies zeigt das Beispiel des tapferen Mitbürgers arabischer Abstammung, der sich durch den Anruf bei der Polizei selbst zur Zielscheibe gemacht hatte, aber dadurch weiteren Schaden von mir abwendete. Dieser Retter in der Not zeigt das andere Bild des Bürgers mit Migrationshintergrund, der das Rechtssystem in Europa zu schätzen weiß und es schützen will. Nur ist es genau dieses Bild, was zu selten an die Öffentlichkeit kommt.

Und auch das ist eine fatale Entwicklung. Denn es leiden unter den inakzeptablen Verhaltensweisen dieser jungen Verlierer auf der Straße, die sich bewusst und ohne Sozialromantik dieses Leben ausgesucht haben, gerade die neueuropäischen Mitbürger mit orientalischen Wurzeln, die sich hervorragend integriert und gut angepasst haben. Als Nachfahre von Migranten aus dem orientalischen Raum ist es mir durchaus bewusst, dass man im »politisch korrekten« Deutschland bei Problemen der Migration immer von »den« Migranten spricht, aber in Wirklichkeit Menschen aus dem arabischen, türkischen oder afrikanischen Raum meint. Innerhalb des Integrationsprozesses kristallisieren sich deshalb zwei Richtungen heraus: Einmal sind sehr viele neueuropäische Mitbürger bemüht, sich in das europäische System zu integrieren. Sie adaptieren die kulturellen Eigenschaften des Gastgeberlandes, nehmen die positiven, freiheitlichen Rechte an und lassen im Gegenzug hinderliche Traditionen und Auffassungen zurück. Dabei ist diesen Menschen bewusst, dass man mit der Annahme der jeweiligen Staatsangehörigkeit auch Pflichten eingehen sollte. Wenn man am Ende dieses Prozesses neben der Annahme der gültigen Freiheitsrechte auch bestrebt ist, seine staatsrechtlichen Pflichten zu erfüllen, ist man in Europa angekommen. Die von den Beamten beschriebene Schwäche der Justiz ist ein Schlag ins Gesicht dieser neuen Mitbürger Europas.

Auf der Gegenseite gibt es Menschen aus diesen Regionen, die definitiv nicht in Europa angekommen sind. Sie missbrauchen nicht nur die in Europa erlangten Freiheitsrechte; diese werden auch noch ausgehöhlt, in dem man den vorgegebenen Rechtsraum über ein Maximum auszureizen versucht. Die Pflichten und damit auch den notwendigen Respekt gegenüber dem Gemeinwesen und der Justiz lehnen diese verblendeten Verlierer der Gesellschaft ab. Menschen eben wie die Angreifer in Brüssel.

Es gibt viele Gründe, eine Gesellschaft mit ihren Werten und Pflichten abzulehnen. Ein Grund ist die Tatsache, dass viele Menschen aus dem orientalischen Kulturraum schlichtweg die westliche Kultur nicht anerkennen wollen und dabei trotzdem selbstverständlich von den Freiheiten Gebrauch machen möchten, die ihnen in den Ursprungsländern verwehrt werden. Sie sehen innerhalb des westlichen Kulturkreises den drohenden Verstoß gegen ihre Werte, Traditionen, Moral und manchmal, bedingt durch die religiöse Strömung, der sie angehören, auch gegen ihren Glauben. Erst die Mischung aus all diesen »Ablehnungen« bildet ein explosives Gemisch, das in ein Weltbild mündet, das unweigerlich zu Konflikten mit der westlichen Gesellschaft führen wird.

Ich persönlich habe meine eigenen Schlüsse aus diesem Erlebnis gezogen. Auch solch eine negative Erfahrung bringt mich einen Schritt weiter. Einschüchterungsversuche wie die des aufgeheizten Mobs in Brüssel offenbaren strukturelle Schwächen unserer Demokratie, die wir nicht akzeptieren dürfen, sondern beheben müssen. Falsche Toleranz ist eine der großen Gefahren unserer Zeit. Gerade wir, Migrantennachfahren mit orientalischen Wurzeln, wissen das nur zu gut. Und deshalb hat mich das Ereignis in Brüssel zusammen mit den Erfahrungen im Nahen Osten bereit gemacht, einen bestimmten Weg zu gehen, der nach meiner Rückkehr aus dem Irak noch nicht zu Ende war. Im Gegenteil.

Gemeinsam auf dem Weg

Ich habe dieses Buch geschrieben, obwohl noch ein beträchtlicher Teil fehlt. Ich kann es deswegen tun, weil in mein Gedankenmuseum hinein ein Gemälde, versehen mit Farben, Tönen, Taten, unabhängig von Raum und Zeit, gemalt wurde. Es ist der 15. Oktober 2017, 22:48 Uhr. Zwei wichtige Ereignisse prägen an diesem wunderschönen Herbstsonntag mein Leben: Am Nachmittag hatte ich ein längeres Gespräch mit Hassan, dem ich offenbarte, dass er das letzte Puzzleteil meines Gemäldes, meiner Reise, meines Weges darstellt. Das zweite Ereignis ist traurig: Mein Großvater väterlicherseits ist von uns gegangen. Er war mit seinen 1,90 Meter eine imposante Figur, wurde 85 Jahre alt und noch vor dem zweiten Weltkrieg geboren. Zu einer Zeit, als man über jede noch so kurze friedliche Epoche glücklich war. Den Tod meines Großvaters vor Augen, seinen trotzigen Blick, den er mir scheinbar vererbt hat, begann ich, den Schluss dieses Buches zu schreiben.

Ich erinnere mich an das Gespräch mit Hassan und ich kann nicht widerstehen, einen Vergleich zwischen dem zu ziehen, was mein Großvater erlebt hat, weit, weit weg in einer anderen Welt und dem, was Hassan heute als Gegenwart und wahrscheinlich Zukunft betrachtet. Nicht dass man mich falsch versteht: Ich trauere um den Vater meines Vaters. Ich erinnere mich an seine Berührungen und die Spaziergänge mit ihm, als ich ein Kind war. Und doch kommt mir dieser Vergleich in den Sinn: Hassan ist gebürtiger Iraker, kam aber noch als Kind mit seiner Familie nach Deutschland und lebte sich schnell ein. Hassan ist Schiit. Vor Jahren wurde ich auf ihn und eine Gruppe von Aktivisten aufmerksam, die sich *12thMemoRise* nennt und in der Hassan eine Art Frontmann bildet. *12thMemoRise* besteht aus jungen Musliminnen und Muslimen und verkörpert mit ihren provokativen und hochpolitischen medialen Auftritten etwas, wonach der Westen immer wieder geschrien hat. Und nicht nur dieser. Auch der Nahe Osten sucht verzweifelt nach den Protagonisten einer Bewegung, die im Islam alles auf den Kopf stellt, viel hinterfragt und neue Thesen auf die politisch-religiöse Bühne wirft. Ihre medialen Inszenierungen von nachgestellten Hinrichtungen extremistischer Gruppierungen wie dem IS, dies sogar offen auf den Straßen Deutschlands, hat ihnen einen hohen Bekanntheitsgrad und jede Menge Kritik eingebracht. Sie schufen so einen martialischen Gegenpart zu dem, was man heute als »Pop-Dschihad« bezeichnet. Nur eben als brachiale Kritik und Gegenstück, als »Counter-Dschihad« zu dem, was Extremisten in den sozialen Medien von sich geben. *12thMemoRise* hinterfragt religiöse Dogmen und verbindet dies mit der Sprache der Straße, der Gosse, des urbanen Kriegsschauplatzes; vor allem aber nutzen sie die moderne Technologie, um das Weltbild vieler Gläubigen, die ihre Glaubensgrundsätze bislang niemals in Frage gestellt hatten, zu erschüttern.

Mit ihrer Methode und ihren Aktionen, die ihnen auch laute Gegenstimmen und harsche Kritik einbringen, reagieren die jungen Muslime auf eine Entwicklung, die entscheidend sein wird für die Zukunft der Welt: Wer glaubt, dass Religion immer noch in erster Linie aus alten Schriften entnommen wird und endet, wenn das jeweilige heilige Buch zugeschlagen wird, der irrt gewaltig. Was einmal in der digitalen Welt existiert, kann im Bruchteil einer Sekunde vervielfacht werden und verändert die Welt. Früher musste man kostspielig ein Buch drucken, dieses unter viel Zeitaufwand vervielfältigen und dann auch noch in einen Buchladen bringen, wo es der Kunde kaufen konnte. Heute kann jeder seine eigene heilige Schrift digital über eine Tastatur eintippen und millionenfach mit Lichtgeschwindigkeit verbreiten.

Religion und religiöse Dogmen haben sich technisiert. Das wissen Extremisten wie der IS sehr genau. Dahingehend haben sie den gesellschaftlichen Code des Westens entschlüsselt und nutzen dessen eigene Technologie, die streng genommen eigentlich für orthodoxe gläubige Muslime »haram« ist, um die Botschaft des Todes in die Köpfe aller Bürger zu tragen: Was darf es denn heute sein? Ein paar digitale Enthauptungsvideos? Kein Problem, auf diesem Kanal, Bruder. Wie wäre es mit Steinigungen und Kreuzigungen? Auch kein Thema, hier entlang, Schwester. Wie sieht es mit der richtigen Ehepartnerin, garantiert eine Jungfrau, aus? Hier entlang, Bruder, da vorn, gleich ein paar Bits und Bytes weiter, findest du den digitalen Heiratsbasar. Und wenn ihr im Kalifat heiraten solltet, spendiert euch der »Kalif« Al-Baghdadi persönlich ein paar freie Tage samt dschihadistischer Kuschelmusik und einem opulenten Mahl. Nicht zu vergessen die Baby-Kalaschnikow für den Sohn, der noch geboren werden muss und am besten schon einmal im Säuglingsalter seiner ersten Enthauptung beiwohnt. Das klingt nach Satire? Schön wäre es.

Was aber, wenn ihr den Ausweg aus diesem Wahnsinn sucht? Dann willkommen bei *12thMemoRise* und anderen Vertetern des »Counter-Dschihads«. Denn Hassan steht mit seiner Gruppe nicht alleine da. Er und seine Mitstreiter versuchen, mit unorthodoxen und brachialen Mitteln einen Gegenpol zum »Hollywood-Pop-Dschihad« des IS und anderer Extremisten zu bilden. Das mag nicht immer schön sein, die Darstellungen mögen überspitzt und zu pathetisch erscheinen, und man kann auch die Frage stellen, ob das alles denn notwendig sei? Meine Antwort darauf: ja!

Ja! Es ist notwendig. Deswegen, weil wir uns in einem digitalen Transformationsprozess, der sich rasend schnell entwickelt, auf etwas zubewegen, was über mehr Sprengkraft verfügt, als alles andere zuvor. Wir sind am Scheideweg angelangt. Und das unterscheidet die Welt meines Großvaters von der Welt Hassans. Es ist die Geschwindigkeit, die Verfügbarkeit, die Universalität, die Zugänglichkeit von Botschaften und deren Instrumentalisierung.

Ich habe den Weg meines Krieges verlassen und den meines Friedens gefunden. Doch von nun an gehe ich ihn nicht mehr alleine. Ich gehe ihn zusammen mit Hassan. Er, der Muslim, ich, der Christ, Seite an Seite in einer hochtechnisierten und digitalen Welt. Diese Entscheidung hängt auch mit den geschilderten Erlebnissen in Brüssel vor einigen Jahren zusammen. Im Innersten fragte ich mich immer wieder, was passieren wird, wenn wir immer nur die eine Seite der Entwicklungen zeigen. Ja, mir selbst sind Dinge widerfahren, die mich in Gefahr gebracht haben. Durch Einwanderer, die mich nun einmal als Beute betrachteten. Zugleich war es ein Mensch arabischer Abstammung, der schnell und effektiv reagierte. Hätte er dies nicht getan, könnte ich vielleicht jetzt auch nicht mehr diese Zeilen verfassen.

Was alle wollen: Sicherheit, Freiheit und Frieden

Meine Reisen, aber eben auch Brüssel ließen mir keine Ruhe mehr und ich wollte alle Facetten, alle Schicksale, alle Lebenswege derer verstehen, die zu uns gekommen sind noch kommen. Und wenn man sie fragt, viele von ihnen Gestrandete, warum sie nach Europa kommen, dann ist es das, und das sollte keine Überraschung sein, was wir alle wertschätzen: Wohlstand, Job, Sicherheit, Freiheit des Geistes und auch Frieden. Ganz besonders Frieden.

Nun wäre es zu einfach zu sagen: »Ihr seid da, ihr genießt all diese wunderbaren Eigenschaften Europas und allgemein einer freien Welt – nun benehmt euch gefälligst.«

Doch so wird das nicht funktionieren. Viele, sehr viele, werden sich einbringen und mit gutem Beispiel vorangehen. Doch manche haben, vielleicht war der junge Mann, der mich in Brüssel überfiel, in so einer Situation, eine schwere Zeit hinter sich und können nicht damit umgehen. Wurden von Schleusern nach Europa verfrachtet, sind überschuldet, müssen in kürzester Zeit Geld verdienen, um den Kredit für die Überfahrt abzubezahlen. Tut man das nicht, wird womöglich die Familie im fernen Afrika bedroht. Das bedeutet nicht, dass das Gewalttaten und Verbrechen rechtfertigt, überhaupt nicht. Und auch nicht, dass wir nun die ganze »Dritte Welt« bei uns aufnehmen können oder frauenfeindliche, antisemitische, extremistische Tendenzen zu akzeptieren haben. Ganz im Gegenteil! Die Freiheiten einer Demokratie stehen diametral zum Verständnis einer Stammeskultur, die zwar in der Ursprungsregion im Kollektiv das Überleben sichert, doch in einer freien Welt mit den Grundrechten des freien Individuums kollidiert. Dies zuzulassen, würde das gesamte System ins Chaos stürzen. Ein Teil der Lösung besteht deshalb nicht nur darin, vor Ort, in der Region, wo der Ursprung der Migration ist, Lösungsansätze zu finden und Fluchtursachen zu bekämpfen. Das auch. Doch auch hier in Europa müssen wir handeln, Hassan drückt das so aus: »Wir sind hier frei ... Kämpfen wir für diese geistige Freiheit.«

Das ist wahr. Gerade Europa, ein Hort des Friedens, kann der Welt, kann der jungen Generation so viel bieten. Wer die wunderschönen Gebäude in Prag gesehen, klassischen Klängen in Salzburg gelauscht, Gemälde in Venedig gesehen oder einfach die Lebenskultur Barcelonas genossen hat, der weiß genau, was ich meine. Doch dafür benötigen wir Freiheit, Freiheit des Geistes. Und wir müssen dafür kämpfen, wie das Hassan fordert. Für mich bedeutet das, dass ich in den kommenden Monaten zu einer Tour quer durch Europa starten werde. Weit im hohen Norden, in Norwegen, werde ich losfahren, die skandinavische Küste erkunden und Norddeutschland, Holland, Flandern und Frankreich, immer dem Rauschen des Ozeans entlang, bis nach Lissabon. Zurück an der Mittelmeerküste entlang, durch Italien, möchte ich am Ende in Sarajevo ankommen.

Und wenn ich dort bin, werde ich Tonnen an Bildern und Filmen gemacht haben. Ich werde schreiben, berichten, bloggen. Über die Leute und ihre Geschichten, vielleicht irgendwo in einem verschlafenen Dorf in Frankreich. Vielleicht werde ich über die Schlacht in Verdun berichten oder den spanischen Bürgerkrieg. Mehr aber noch über Kunst, Musik, Philosophie, die Natur und im Besonderen den Frieden, immer noch und trotz aller sozialen Verwerfungen. Nach so vielen Jahren im Nahen Osten, wo ich gesehen habe, wie sehr sich Menschen nach Frieden und Zukunft sehnen, will ich nicht zusehen, wie das, was Europa ausmacht, in Gefahr gerät. In die Gefahr des Vergessenwerdens und damit in existenzielle Gefahr. Ich wollte im Nahen Osten helfen und werde das hoffentlich auch immer tun können. Doch ich weiß inzwischen, dass das nicht reicht. Wir müssen auch bei uns daheim, mitten in Europa, um den Frieden kämpfen, müssen das sein, was ich im Nahen Osten versucht habe zu sein: Peacemaker.

Danksagung

Für manch einen mag es kitschig klingen, wenn man seinen Eltern für das Leben dankt. Für mich nicht. Es ist auch eine Frage des Respekts den beiden Menschen gegenüber, die mir nicht nur das Leben geschenkt haben, sondern auch das, was mich ausmacht. Wissen, Erfahrung, Moral, Glaube, sehr viel Liebe und natürlich Frieden.

Besonders in stürmischen Zeiten waren und sind sie der Hort des Friedens für mich. Das fröhliche Lächeln meiner Mutter zu sehen, erfüllt mich mit Freude. Die sorgenvolle Art meines Vaters, der immer noch den kleinen Jungen vor sich sieht, der beschützt werden muss, erfüllt mich mit einem angenehmen Gefühl der Wärme.

Außer meinen Eltern möchte ich fünf besonderen Menschen danken, ohne die es all diese Reisen und zu guter Letzt auch dieses Buch nicht gegeben hätte.

Stefan Meining, der bereits vor Jahren damit begonnen hat, sich mit dem Thema »Christenverfolgung« auseinanderzusetzen, zu einer Zeit, als mir Medien wortwörtlich zu verstehen gaben, dass man sich an ein so heißes Thema nicht heranwagen könnte.

Martin Neumeyer, der ehemalige Integrationsbeauftragte Bayerns und Landtagsabgeordnete, der so gar nicht dem Klischee eines Politikers entspricht. Er war einer der wenigen Politiker, der mich immer wieder freiwillig zu den gefährlichsten Orten des Nahen Ostens begleitete. Martin hatte, obwohl er kaum Haare auf dem Kopf hat, immer die Angewohnheit, selbst im tiefsten Anatolien, zum Friseur gehen zu wollen. Ich weiß bis heute nicht, weshalb. Doch kam er immer freudestrahlend und glücklich zurück – irgendwann werden wir auch dieses Geheimnis lüften.

Daniela Hofmann, auch Supermom, General, Head of Administration, Weltschaltzentrale oder einfach Danie genannt, ist das, was man einen Superkoordinator nennt. Sie und ihre Familie, Tim, Lisa und Ramon, haben einen wesentlichen Teil zu diesem Buch beigetragen. Ohne Danies Unterstützung im Hintergrund wäre ich auf all meinen Reisen einfach untergegangen.

Simon Biallowons vom Herder Verlag, dem ich 2015 zum ersten Mal begegnete, möchte ich dafür danken, dass er an das Projekt und an mich geglaubt hat. Gerade in Deutschland habe ich zu oft erlebt, wie manche zu leichtfertig die Träume junger Menschen als Unsinn abtun. Immer wieder musste ich erfahren, leider auch bei Vertretern der Kirchen, Stiftungen und der Politik, dass man nur die eigene Sichtweise schulmeisterhaft zur obersten Doktrin erklärt. Wie ein Dogma wird dieses einer jungen Generation, der man nicht viel zutraut, vorgehalten – ohne zu merken, wie man damit Visionen zerstört. Simon, mein Namensvetter beim Herder-Verlag, hat mir die Chance gegeben, dieses Buch zu schreiben, und damit geholfen, diese lehrmeisterhafte Barriere zu durchbrechen. Ich hoffe, dass viele junge Menschen den Mut finden, seinem und meinem Beispiel zu folgen.

Bischof Julius Hanna Aydin, der mich vor Jahren auf eine Reise entsandt hat. Wutentbrannt rief ich ihn einmal aus dem Irak an und warf ihm vor, dass er mich dem Horror ausgesetzt habe, als ich ihm das Versprechen gab, meine Fähigkeiten für den Frieden einzusetzen. Seine Antwort auf diese Kritik ist zu einem Mantra des Glaubens für mich geworden: »Ich habe dich nur auf einen Weg hingewiesen. Aber du bist ihn freiwillig gegangen. Du hast einen freien Willen, der allen Menschen zu eigen ist. Also beklag dich nicht. Denn du bist diesen Weg aus freien Stücken gegangen.«

Saydna, danke, dass ich diesen Weg gehen durfte!

Ich habe so vielen Menschen zu danken. Meinem Freundeskreis, allen Beteiligten der ersten Peacemaker-Tour, den Mitgliedern des Zentralrates Orientalischer Christen in Deutschland, *12ThMemoRise*.

Im Besonderen Elena, Gülbahar, Zare, Melki, Eduard, Nahswan, Meriam, Vater Trifon, Vater Josef, Tante Hatune Dogan, Josef Ide, Rosa, Vater Gottfried, Stefan Näder, Professor Wolfgang Schwaigert, Vater Ernst Herbert, Nina, Sherbil Matty, Rone, Hassan, Ahmed, Maria, Joseph, Mike, Janine, Marcus, Vater Joachim, Heinz, Paulus, Melissa, Patrick, Fatemeh, Dawood, Dr. Kirkuki, Hakan, Eris, Nilifer, Yassir, Nechivan, Leena, Anahit, Abbas, Ali Reza, Ninve, Ibrahim, Andreas, Sara, …

Offen gesagt, ich könnte noch mehrere Seiten mit Namen füllen, und doch würde es kein Ende nehmen. Dieses Buch ist nicht nur mein Werk. Es ist das Werk so vieler Menschen. Und ich bin nur ein Teil des Ganzen …

Und ein Dank an alle, die auch Peacemaker sein wollen und mich auf diesen Seiten suchen und unterstützen:

www.peacemaker-tour.com
www.zocd.de
www.simonjacob.info

© Verlag Herder GmbH, Freiburg im Breisgau 2018
Alle Rechte vorbehalten
www.herder.de

Satz: post scriptum, Vogtsburg-Burkheim / Hüfingen
Herstellung: CPI books GmbH, Leck

Printed in Germany

ISBN Print 978-3-451-37904-8
ISBN E-Book 978-3-451-81272-9